Paolo E. Balboni
Michele Daloiso

Civiltà Italia

Percorsi di cultura
e civiltà italiana per stranieri

GIOVANI & ADULTI

Guerra Edizioni

PROGETTO
CULTURA
ITALIANA

Progetto grafico e impaginazione
Keen s.r.l.

Copertina
Keen s.r.l.

I edizione
© Copyright 2007
Guerra Edizioni - Perugia

ISBN 978-88-557-0059-7

Guerra Edizioni
via Aldo Manna 25 - Perugia (Italia)
tel. +39 075 5289090
fax +39 075 5288244
e-mail: info@guerraedizioni.com

www.guerraedizioni.com

Come è fatto e come puoi usare questo libro

Questo libro può essere usato... un po' come vuoi!
È composto da 63 schede autonome, che non hanno una sequenza obbligata - anche se in ogni caso sono indicati dei rimandi ad altre schede che trattano argomenti collegati o simili.

I collegamenti tra le schede e le attività

Il simbolo dei link ad altre schede è questa freccia: *cfr.* **scheda 03**
Ogni scheda è poi collegata anche ad un'attività di riflessione grammaticale: nelle pagine dispari, quelle a destra, trovi di solito un piccolo riquadro fatto come un blocco per appunti in cui viene ripreso un elemento linguistico dal testo della pagina pari, a sinistra: si osserva quel meccanismo di funzionamento dell'italiano e, se si ritiene utile, si può andare alle ultime pagine del volume dove per ogni "regola" trattata nei bloc notes trovi un esercizio.

> **Il SI impersonale**
>
> In questa scheda hai trovato questa frase:
>
> *La laurea di base è di tre anni. Alla fine si può andare a lavorare o si può continuare a studiare.*
>
> Questi sono due esempi di "si" impersonale, che indica un soggetto indefinito (qualcuno, la gente...).

La struttura di ogni scheda

Ogni scheda è composta da un testo e da un'illustrazione, sulla pagina a sinistra.
L'illustrazione non è messa lì per rendere più bella la pagina, ma per farti vedere l'Italia e soprattutto perché tu, sulla base della foto di quella pagina e anche di quella a fronte, ti sforzi di fare delle ipotesi, di immaginare l'argomento del testo: saper fare ipotesi è fondamentali per facilitare la comprensione!
Prima di affrontare il testo, e dopo aver cercato di capire dalle immagini il contenuto del testo, vai alla pagina a destra e fai il primo esercizio, che ti guida in questa attività di anticipazione.
Dopo, seguendo gi esercizi, affonderai tutto il testo. Se hai difficoltà con alcune parole, osserva se sono stampate in colore: sono parole che trovi nella stessa pagina destra, di solito in basso, con una spiegazione che ti facilità la lettura.
Comunque, ricorda sempre che prima di fermarti di fronte ad una parola sconosciuta conviene tentare di intuire il significato: ci sarà tempo più tardi per chiedere ai compagni, all'insegnante, al dizionario: l'importante è che tu cerchi di capire prima intuitivamente e solo più tardi analiticamente: è così che funziona il nostro cervello!

Paolo E. Balboni e **Michele Daloiso**
Università Ca' Foscari, Venezia

La vita quotidiana

Le Schede:

Questo primo percorso ti porta a vedere come vivono giorno per giorno gli italiani - sia quelli di origine italiani, sia i quasi tre milioni di immigrati che si stanno integrando nel nostro paese, modificandone in parte la cultura tradizionale.

I temi principali sono quelli che possono interessare un ragazzo o un giovane come te:
- la scuola e l'università
- il mondo della musica, dello spettacolo, dello sport
- la grande passione degli italiani: il cibo e il vino
- alcune "minoranze": immigrati, donne, anziani.

Quindi si tratta in realtà di quattro percorsi nella vita italiana di tutti i giorni - ricordando comunque che, come diciamo noi italiani, "l'Italia è lunga!": questo significa che le differenze culturali tra Nord e Sud, ma anche tra Regione e Regione, sono moltissime, anche a causa di 1500 anni di divisione della penisola in molti stati spesso in guerra tra loro.

La scuola e l'università italiane oggi sono molto diverse da quelle che erano fino al 2000 e di cui forse hai sentito parlare.

La riforma della scuola riguarda solo l'Italia, ma le modifiche dell'università sono il risultato dell'*Accordo di Bologna* (1997) tra i paesi dell'Unione Europea.

La scuola

In Italia l'istruzione è obbligatoria fino a 18 anni, con inizio a 6 anni - ma a tre anni quasi tutti i bambini vanno alla scuola dell'infanzia, detta di solito "asilo"; siccome sempre più spesso le mamme lavorano e non possono avere aiuto dai nonni, anch'essi impegnati nel lavoro, spesso i bambini vanno all' "asilo nido" fino ai tre anni. Fino alla terza media tutti frequentano lo stesso tipo di scuole, con programmi statali che sono comuni per le scuole pubbliche (il 90%) e per quelle private; 3 ore settimanali alle elementari e 6 alle medie e alle superiori sono "opzionali", cioè lo studente può scegliere tra le diverse proposte didattiche decise dalle singole scuole. Finita la scuola media, a 14 anni il ragazzo deve scegliere tra il liceo (classico, scientifico, commerciale, tecnico, linguistico, ecc.) oppure la formazione professionale, che avviene in parte anche presso aziende.

Le scuole italiane, che sono miste, cioè includono maschi e femmine nella stessa classe, sono limitate alla mattinata, al massimo qualche attività opzionale può svolgersi di pomeriggio; di solito il ragazzo torna a casa per il pranzo e poi il pomeriggio studia e fa i compiti.

L'università

La struttura universitaria è profondamente cambiata intorno al 2000: oggi la laurea base è di tre anni. Alla fine si può andare a lavorare o **iscriversi** a un master professionale, oppure si può continuare con il secondo livello di laurea, quella "magistrale", specialistica. Solo chi ha questo secondo tipo di laurea può iscriversi ai corsi per diventare insegnante, può **concorrere** al dottorato di ricerca, ecc.

Ogni anno di corso corrisponde a 60 "crediti", e ogni credito corrisponde a 25 ore di lavoro (lezione, studio individuale, **stesura** di relazioni, ecc.).

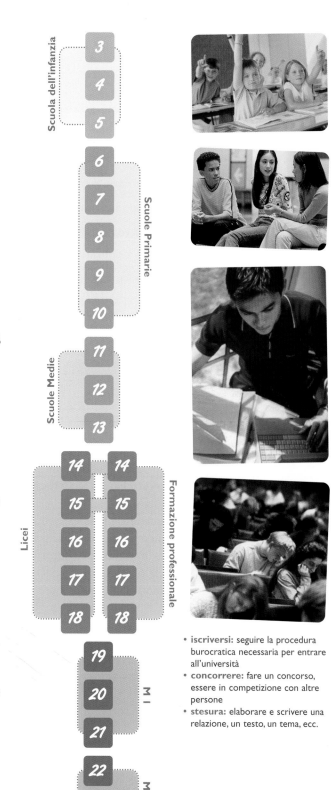

Scuola dell'infanzia — 3, 4, 5

Scuole Primarie — 6, 7, 8, 9, 10

Scuole Medie — 11, 12, 13

Licei — 14, 15, 16, 17, 18

Formazione professionale — 14, 15, 16, 17, 18

M 1 — 19, 20, 21

M 2 — 22, 23

- **iscriversi**: seguire la procedura burocratica necessaria per entrare all'università
- **concorrere**: fare un concorso, essere in competizione con altre persone
- **stesura**: elaborare e scrivere una relazione, un testo, un tema, ecc.

La scuola Italiana

(La vita quotidiana)

PRIMO CONTATTO

I. Usa la memoria! Prima di leggere il testo, pensa a tutte le parole che conosci relative alla scuola e completa lo schema.

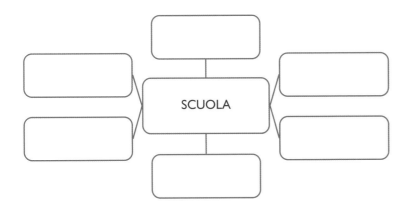

La Biblioteca dell'Università di Bologna.

2. Cerca nel testo! Dopo aver letto una prima volta il testo, decidi se queste affermazioni sono VERE o FALSE.

a. La riforma della scuola è il risultato di un accordo tra i paesi europei. Ⓥ Ⓕ
b. In Italia l'istruzione è obbligatoria a partire da tre anni. Ⓥ Ⓕ
c. La scuola si frequenta soprattutto la mattina. Ⓥ Ⓕ
d. Secondo la riforma universitaria, la laurea di base dura tre anni. Ⓥ Ⓕ
e. Dopo la laurea triennale è possibile iscriversi al dottorato di ricerca. Ⓥ Ⓕ

OLTRE IL TESTO

3. Discutiamo! A coppie scambiatevi opinioni sul sistema scolastico italiano. Ad esempio:

a. è giusto che l'istruzione obbligatoria inizi a sei anni?
b. l'asilo nido è utile alla crescita del bambino, anche se non è obbligatorio?
c. una laurea di tre anni può preparare al mondo del lavoro?
d. il sistema dei "crediti universitari" è utile? Quali possono essere i vantaggi e gli svantaggi?
e. nell'istruzione obbligatoria il numero di ore per le attività opzionali è sufficiente?
f. in Italia un ragazzo di 14 anni deve fare una scelta importante tra il liceo e le scuole professionali.
    Cosa ne pensi? Secondo te è giusto prendere questa decisione a questa età?

4. Racconta! Com'è la scuola nel tuo paese? Disegna uno schema simile a quello a pag. 8 e spiegalo ai compagni.

Il SI impersonale

In questa scheda hai trovato questa frase:

La laurea di base è di tre anni. Alla fine si può andare a lavorare o si può continuare a studiare.

Questi sono due esempi di "si" impersonale, che indica un soggetto indefinito (qualcuno, la gente...).

La foto che vedi qui sotto è fondamentale per capire quello che sta succedendo in Italia con l'ondata migratoria degli ultimi anni: vedi una classe di scuola elementare, con ragazzini di varie razze e culture, che studiano inglese - la lingua della globalizzazione - e hanno il crocefisso sopra la lavagna. In Italia, anche se ciò è stato oggetto di forte **dibattito** in questi anni, nelle scuole elementari è tradizionalmente presente il crocefisso cristiano.

L'impatto degli immigrati nella scuola italiana, dagli anni Novanta in poi, è stato **immenso**:

a. non esiste più quasi nessuna classe che non abbia almeno un bambino o un ragazzo straniero, con problemi sia di lingua sia di diversi modi di comportarsi, di **concepire** la scuola e il ruolo dell'insegnante, ecc. Spesso, soprattutto al Nord, gli stranieri sono intorno al 15-20% della classe, e in alcune zone possono raggiungere la metà degli studenti.

b. soprattutto negli anni Novanta, gli insegnanti sono stati dei veri eroi: lo Stato non ha fatto nulla, e quindi si sono inventati una pedagogia interculturale e una metodologia didattica dell'italiano come lingua seconda, e hanno dovuto inventare un modo di lavorare con studenti che arrivavano in classe a metà anno scolastico, senza sapere una parola di italiano...

c. in una realtà molto provinciale come quella italiana, fatta di centinaia di piccole città, l'arrivo di "diversi" è stato **dirompente**, perché gli italiani non erano pronti a confrontarsi con chi non mangia carne di maiale, ha altri concetti di pulizia, di rispetto, ecc... C'è stata una reazione di tipo razzista, che è arrivata anche ad avere parlamentari e ministri.

Oggi la realtà **sta mutando**: dal 2000 in poi le scuole hanno avuto un **sostegno** per la formazione degli insegnanti di italiano a immigrati, ci sono corsi per il mantenimento della lingua d'origine, i libri di storia e geografia sono diventati più interculturali, si sono aperti molti corsi di italiano nei paesi da dove provengono gli immigrati, in modo che arrivino in Italia conoscendo un po' la nostra lingua - ma il problema non è certamente ancora risolto!

- **dibattito**: discussione animata
- **immenso**: grandissimo
- **concepire**: considerare
- **dirompente**: esplosivo
- **mutare**: cambiare
- **sostegno**: aiuto, supporto

A scuola con gli immigrati
(La vita quotidiana)

Nelle classi italiane si alza spesso la mano, ma i ragazzi asiatici e arabi spesso non lo fanno perché hanno timore di offendere l'insegnante chiedendo spiegazioni.

PRIMO CONTATTO

1. **Osserva! Cosa noti nella foto a pagina 10. Chi sono i protagonisti? Dove si trovano? Cosa stanno facendo?**

2. **Cerca nel testo! Completa la tabella scrivendo le difficoltà che la scuola italiana ha avuto negli anni Novanta nell'accogliere gli studenti immigrati.**

DIFFICOLTÀ LINGUISTICHE	DIFFICOLTÀ CULTURALI	DIFFICOLTÀ DIDATTICHE
• *Molti studenti stranieri arrivano in classe senza conoscere l'italiano* •		

OLTRE IL TESTO

3. **Cambiamo punto di vista! Nel testo abbiamo visto i problemi dell'immigrazione dal punto di vista della scuola italiana. Ora immagina di essere uno straniero che arriva nel tuo paese senza conoscere la tua lingua e la tua cultura. Quali possono essere le sue difficoltà?**

4. **Discutiamo! In questa scheda abbiamo evidenziato i problemi legati all'arrivo degli studenti stranieri nella scuola italiana. Tuttavia, la presenza di studenti di altre culture, con abitudini e tradizioni diverse, può portare ad un arricchimento culturale. Discuti con un compagno su quali possono essere gli effetti positivi della presenza degli stranieri nella scuola italiana.**

> *Il SI passivante*
>
> La forma passiva di solito si costruisce con il verbo essere e il participio passato:
>
> *Questo programma televisivo è* **guardato** *solo dai bambini.*
>
> Ora osserva questa frase che hai trovato nel testo:
>
> **Si sono aperti** *molti corsi di italiano nei paesi da dove provengono gli immigrati.*
>
> In questo esempio il SI ha la funzione di passivo. Se non si vuole indicare chi compie l'azione, infatti, spesso si usa il SI con il verbo nella forma attiva.

Si dice spesso che i giovani non hanno ideali, sono chiusi nel loro mondo di musica e video, pensano solo a come faranno soldi. Si dimentica di dire che ci sono molti, moltissimi giovani che fanno volontariato, cioè dedicano parte del loro tempo gratuitamente agli altri.

Dire "volontariato" è ambiguo, perché ci sono almeno tre modi diversi di essere "volontari".

Da un lato c'è il volontariato classico: ci si impegna ad andare una volta alla settimana a preparare pasti caldi per i barboni, oppure a fare la spesa con un vecchietto, o a giocare con i bambini di un **orfanotrofio**, a far lezione a ragazzi che hanno difficoltà a scuola, a vendere fiori per raccogliere fondi (nella pagina a fronte trovi un manifesto per questo tipo di iniziativa).

Ma c'è anche una forma più organizzata di volontariato: non si lavora gratis qualche ora alla settimana, si lavora pagati, stabilmente, ma in organizzazioni non profit: chi ci lavora sa che non farà carriera, ha uno **stipendio modesto** - ma per qualche anno si può lavorare senza pensare solo al profitto.

Infine, c'è il servizio civile: fino agli anni Novanta era un'alternativa al servizio militare; oggi il servizio militare non è più obbligatorio, ma chi vuole può comunque fare un anno di "servizio civile", con uno stipendio modesto, aiutando gli altri in strutture organizzate dallo Stato.

Circa due giovani su tre hanno esperienze di questo tipo di volontariato tra i 15 e i 30 anni, **smentendo** chi dice che i giovani pensano solo a se stessi!

* **orfanotrofio:** istituto dove si curano e si educano i bambini che non hanno i genitori
* **stipendio:** i soldi che ricevi quando lavori
* **modesto:** piccolo, limitato
* **smentire:** contraddire, dimostrare che una cosa è falsa

Il giovane volontario
(La vita quotidiana)

PRIMO CONTATTO

**1. Osserva! Leggi il titolo della scheda e osserva le immagini nelle pagine 12 e 13.
Cosa significa "fare il volontario"?
Che tipo di volontariato è rappresentato nelle foto?
Hai mai fatto volontariato o conosci persone che lo fanno?**

2. Cerca nel testo! Dopo aver letto la scheda, collega il tipo di volontariato con le sue caratteristiche.

Se credi che la leucemia sia un male inguaribile devi farci un favore.
Piantarla.

Il 6, 7 e 8 dicembr... nella tua città trovi... le Stelle di Natale per so... la ricerca e la cura delle l... dei linfomi e del mie...

1. Volontariato classico	a) si lavora nelle strutture organizzate dallo Stato per l'assistenza ai cittadini e si riceve un piccolo stipendio;
2. Volontariato organizzato	b) si aiutano le persone gratuitamente, qualche ora alla settimana e in maniera non organizzata;
3. Servizio civile	c) si lavora stabilmente in un'organizzazione non profit, con uno stipendio modesto.

La pubblicità di una campagna per la raccolta di fondi contro la leucemia. C'è un gioco di parole: "piantarla!" vuol dire "smettere" di credere che la leucemia sia inguaribile; ma significa anche che puoi comprare la stella di natale (è il nome di questa pianta) e... piantarla. Queste campagne sono organizzate da gruppi di volontari.

**3. Cerca nel testo! Ecco alcuni esempi di volontariato che hai trovato nel testo.
Che tipo di volontariato è?**

a. vendere fiori per raccogliere fondi
b. aiutare i ragazzi che hanno difficoltà a scuola
c. lavorare in una struttura statale
d. giocare con i bambini dell'orfanotrofio
e. lavorare nelle associazioni non profit

Volontariato classico _____
_____
_____
_____
_____

OLTRE IL TESTO

4. Discutiamo! ! Lavora con 2 o 3 compagni e discutete insieme.
a. Perché secondo te così tanti giovani fanno volontariato?
b. Che valore educativo può avere il volontariato?
c. Alcune persone pensano che il servizio civile debba diventare obbligatorio per tutti i giovani. Sei d'accordo? Perché?

**5. Immagina! Fai parte di un'organizzazione che raccoglie fondi contro la leucemia e hai organizzato una giornata per raccogliere fondi nel tuo paese.
Progetta un manifesto pubblicitario.**

- **periferia**: parte della città lontana al centro
- **trascorrere**: passare il tempo
- **impadronirsi**: diventare padrone, dominare, avere il controllo
- **promozione**: passaggio a una classe superiore
- **sfruttamento**: usare qualcuno per un lavoro senza pagarlo adeguatamente

I due bambini di questa foto rappresentano il volto peggiore del "consumismo", cioè la società il cui principio non è "penso, dunque esisto", come diceva Cartesio, ma "compro, dunque esisto".

L'Italia è stata per secoli poverissima, e ancor oggi ci sono delle zone povere: forse è per il ricordo di quella povertà, che ha portato milioni di italiani ad emigrare, che negli ultimi decenni in Italia non sono cresciuti solo i consumi di base (cibo, vestiario, cultura, divertimento), ma è cresciuto come un cancro il consumismo: si comprano cose anche se non se ne ha bisogno, per il puro piacere di comprare, di possedere.

Due fenomeni sono simbolici di questa tendenza della cultura italiana (ed europea).

Da un lato, la nascita di enormi centri commerciali alle **periferie** delle città: sono veri templi del consumismo, in cui accanto ad un supermercato (utile!) ci sono cento negozi di cose inutili: ma spesso i giovani, che non sanno dove passare il tempo, **trascorrono** intere giornate in questi centri, spendendo soldi e tempo.

Dall'altro, il consumismo si è **impadronito** delle feste tradizionali, come ben rappresentato da questi due bambini con il berretto di Babbo Natale: è "obbligatorio" fare regali a Natale, e poi ci sono il giorno della mamma, il giorno del papà, il giorno della donna, il giorno degli innamorati, compleanni, **promozioni**, ecc.: ogni anno queste occasioni diventano sempre più momenti di consumo, non di festa.

C'è una reazione, legata spesso al mondo del volontariato *cfr.* **scheda 03** per cui si cerca di non comprare cose inutili e di fare gli acquisti nei negozi del "commercio equo e solidale", i cui prodotti sono costruiti senza **sfruttamento** e i cui guadagni vanno a fini umanitari - ma la logica del consumismo si diffonde comunque, magari con la scusa che si sta aiutando una raccolta di fondi per una buona causa...

Il giovane consumatore
(La vita quotidiana)

PRIMO CONTATTO

1. **Pensaci! Comprare regali per amici e parenti è diventata ormai una tradizione.**
Quante volte in un anno fai regali a qualcuno?
In quali occasioni li fai? Che tipo di regali sono?
Racconta la tua esperienza ad un compagno.

2. **Fatti un'idea! Leggi velocemente il testo, discuti con un compagno su che cosa s'intende per "consumismo" e come questo fenomeno si manifesta in Italia.**

3. **Cerca nel testo! Sottolinea nel testo i paragrafi che danno le seguenti informazioni.**

a. accanto alle feste tradizionali, ci sono molte feste "consumistiche".
b. una causa del consumismo può essere il fatto che ora l'Italia è più ricca di un tempo.
c. sono sempre più diffusi negozi che vendono cose poco utili.

4. **Cerca nel testo! Trova nel testo i sinonimi delle seguenti parole. Accanto ad ogni parola scrivi il suo sinonimo.**

a. grandissimo _____

b. cappello _____

c. vestiti _____

d. giustificazione _____

e. necessità _____

f. motivazione _____

OLTRE IL TESTO

5. **Racconta! Prepara una breve relazione orale in cui confronti il consumismo italiano con la situazione nel tuo paese e descrivi le differenze e le somiglianze. Hai 10 minuti per scrivere alcune note (parole-chiave, brevi frasi).**

6. **Per saperne di più... Cerca sul web maggiori informazioni sul consumismo italiano. Per esempio, informati su quali sono i prodotti di consumo che gli italiani comprano di più, dove si possono acquistare, quanto costano. Presenta poi alla classe e commenta le informazioni che hai trovato.**

Il pronome relativo CUI
cfr. **scheda 38**

Osserva la frase:

Molti italiani fanno acquisti nei negozi del "commercio equo e solidale", i cui prodotti sono costruiti senza sfruttamento e i cui guadagni vanno a fini umanitari.

Cui in questo caso è un pronome relativo che specifica le caratteristiche del "commercio equo e solidale". Questa forma è frequente quando è immediatamente seguita dal suo sostantivo.

Le due foto di questa pagina richiamano i due tipi di lettura più diffusa tra i giovani: il **fumetto** e la letteratura di consumo.

Il personaggio che vedi nel fumetto è Dylan Dog, un detective privato che si occupa di casi paranormali, di psicotici… "indagatore dell'incubo", si definisce lui. E' un fumetto intelligente, pieno di giochi di parole - e anche questa **vignetta** ha un riferimento culturale: riprende le posizioni dei personaggi di un quadro di fine Ottocento, di Pellizza da Volpedo, in cui gli operai marciano protestando.

In Italia c'è un forte consumo di fumetti sia di livello alto (come *Dylan Dog*, ma anche *Corto Maltese* di Hugo Pratt, *Tex Willer* di Bonelli, i fumetti di Manara, di Crepax, ecc.) sia di livello più **scadente**, spesso di origine straniera, legati al mondo fantasy e horror *cfr.* **scheda 20** .

In particolare hanno grande successo tra i giovani i Manga giapponesi, che non sempre sono di buona qualità. Nella foto in basso invece trovi un'icona della letteratura di consumo, Harry Potter. In Italia le vendite dei vari volumi dedicati al piccolo mago inglese hanno superato il milione di copie - e non certo solo tra i ragazzini!

Ma non è solo Harry Potter a dominare le **scarse**, scarsissime ore che un giovane italiano dedica in media alla lettura (anche se ci sono giovani che leggono moltissimo, ma sono la minoranza): ci sono anche tutti i best seller di Dan Brown, i thriller americani, i libri fantasy e di fantascienza, i "gialli", cioè i libri polizieschi…

La letteratura alta? Tranne una ristretta quantità di ragazzi che leggono molto e con attenzione, la grande massa dei giovani italiani la ignora. Studia letteratura a scuola ma appena esce dalla classe non se ne interessa più: l'Italia è agli ultimi posti in Europa per numero di lettori, mentre è il Paese che dedica maggior numero di ore nel curricolo scolastico allo studio letterario: evidentemente, c'è qualcosa che non funziona. *cfr.* **scheda 20** .

* **fumetto**: racconto basato su una serie di disegni e dove i dialoghi dei personaggi sono racchiusi nelle tipiche nuvolette.
* **vignetta**: disegno con o senza parole, che fa parte di un fumetto
* **scadente**: di qualità molto bassa
* **scarso**: poco

Il giovane lettore
(La vita quotidiana)

PRIMO CONTATTO

1. **Pensaci!** In questa scheda si parlerà delle letture dei giovani italiani.
Nel tuo paese la gente legge molto? Cosa legge di solito?
Da quel che sai degli italiani, cosa pensi che leggano? E quanto?

2. **Cerca nel testo!** Dopo aver letto una volta il testo, completa le seguenti frasi:

a. I ragazzi italiani amano leggere soprattutto _____ e _____ .

b. Tra i fumetti italiani più amati e di buona qualità ci sono _____ .

c. Dylan Dog è il protagonista di un fumetto che racconta _____ .

d. I generi letterari più amati dai giovani sono _____ .

3. **Cerca nel testo!** Risolvi gli anagrammi e troverai i generi letterari più amati in Italia.

a. LIGALO _____   c. TRAVENUVA _____

b. TANSYFA _____   d. SCANTAZAFINE _____

OLTRE IL TESTO

5. **Racconta!** Costruisci un breve questionario e poi intervista un tuo compagno sulle sue letture preferite. Ecco alcuni suggerimenti:

a. Che cosa ti piace leggere? Romanzi? Quotidiani? Riviste?
b. Il titolo del tuo romanzo preferito (motiva la scelta)
c. Un libro che non consiglieresti mai a nessuno (motiva la scelta)
d. Quanto tempo dedichi alla lettura settimanalmente?

☐ meno di 1 ora   ☐ da 5 a 9 ore

☐ da 1 a 4 ore   ☐ più di 10 ore

e. Come si intitola e di cosa parla l'ultimo libro che hai letto?
f. Nell'arco della giornata, in quali momenti leggi più volentieri?

☐ di mattina   ☐ di sera

☐ di pomeriggio   ☐ di notte

g. Preferisci vedere un film tratto da un libro PRIMA o DOPO aver letto il libro?

Le congiunzioni coordinanti

Le congiunzioni sono parole che uniscono due o più elementi di una frase, o due frasi.
Le **congiunzioni coordinanti** mettono sullo stesso piano gli elementi che uniscono.
Le congiunzioni correlative sono congiunzioni coordinanti che creano una relazione tra elementi di una stessa frase.

*Marta è **sia** bella **sia** (che) simpatica*
- Relazione positiva
*Marta non è **né** bella **né** simpatica*
- Relazione negativa
*Decidi: **o** stai a casa **o** esci con noi!*
- Alternativa

Questa foto potrebbe intitolarsi "gli innamorati" in qualsiasi parte del mondo. C'è qualcosa di tipico degli innamorati italiani?

Anzitutto c'è un **atteggiamento** favorevole da parte degli adulti. Due generazioni fa, chi si innamorava nascondeva la cosa ai genitori e agli insegnanti; oggi, gli adulti guardano con un **benevolo** sorriso ai figli e agli studenti innamorati, ne giustificano la disattenzione, li sostengono.

Non solo: una volta si parlava di "amore" solo quando la cosa diventava seria, quando ci si fidanzava - quasi una specie di pre-matrimonio. Oggi gli "amori" cominciano a 14-15 anni, non si ha un "fidanzato" ma un "moroso", un "ragazzo", e spesso si tratta di storie che durano pochi mesi. La libertà sessuale post-Sessantotto ha abbassato molto l'età della "prima volta", che si colloca di solito intorno ai 18 anni; i genitori sono spesso preoccupati, ma al di là di consigli non intervengono pesantemente con divieti e punizioni.

Un'altra **abitudine** diffusa è quella di andare in vacanza insieme, dal weekend per andare a sciare, alla settimana in giro per l'Europa: sono momenti in cui la giovane coppia vive autonomamente, lontano dai familiari e dagli insegnanti.

Questa situazione di ampia libertà dà al singolo ragazzo o ragazza la responsabilità di **gestire** la propria vita sentimentale e sessuale senza affidarsi alle regole imposte dagli adulti. Ma la stessa libertà toglie la spinta ad andare via da casa: spesso i giovani vivono con i genitori fino ai trent'anni (e anche oltre): hanno tutti i vantaggi di una famiglia, godono della protezione economica e sociale, non devono preoccuparsi loro dell'affitto, delle **bollette**, della **biancheria** da lavare. E sono liberi.

Tra i 25 e i 30 anni le unioni si rafforzano, ma sempre più spesso non si trasformano in matrimonio bensì in convivenza: circa un quarto delle coppie giovani vivono insieme senza essere sposate; al matrimonio, sempre più spesso civile e non religioso, si giunge quando si decide di avere figli - decisione che viene sempre più spesso spostata intorno ai 30, 35 anni.

Una causa di questa tendenza è certamente il precariato nel lavoro: l'Italia ha una tradizione di posto di lavoro stabile, che dura tutta la vita, ma negli ultimi dieci anni le cose sono cambiate e l'occupazione è quasi sempre **saltuaria**, precaria: quindi si rimanda di alcuni anni il momento di costituire una famiglia.

Per il resto, gli innamorati italiani sono come tutti gli innamorati del mondo: innamorati e... basta!

- **atteggiamento**: comportamento, modo di fare in una situazione
- **benevolo**: positivo e comprensivo
- **abitudine**: routine
- **gestire**: organizzare in modo autonomo e indipendente
- **bolletta**: i soldi da pagare per aver usato un servizio (ad esempio, il gas, il telefono, l'elettricità...)
- **biancheria**: insieme dei vestiti e dei panni domestici
- **saltuario**: che succede ogni tanto, in modo irregolare

I giovani innamorati
(La vita quotidiana)

PRIMO CONTATTO

1. Gioca con la memoria! Forma una squadra con i compagni e scrivete tutte le espressioni italiane che conoscete legate all'amore. Avete 5 minuti di tempo. Vince chi ne scrive di più.

2. Cerca nel testo! Dopo aver letto il testo decidi se queste espressioni sono VERE o FALSE.

a. Gli adulti sono contrari alle storie d'amore tra i giovani. (V) (F)
b. Le giovani coppie fanno spesso dei brevi viaggi insieme. (V) (F)
c. I giovani si sposano verso i 25 anni. (V) (F)
d. Spesso i giovani lasciano la loro famiglia verso i 18 anni. (V) (F)
e. Le prime storie d'amore si hanno già prima dei 18 anni. (V) (F)

I *Baci Perugina* sono tra i più classici regali tra innamorati: costano poco, sono buoni, ed hanno dentro una frase che di solito esalta l'amore.

3. Cerca nel testo! Qui sotto trovi alcune definizioni. Cerca nel testo le parole a cui si riferiscono le definizioni.

a. persona con cui si esce insieme e con cui si ha una storia d'amore_____

b. persona che ha ricevuto una promessa di matrimonio _____

c. accordo tra due persone, che decidono di vivere insieme senza sposarsi _____

d. accordo tra due persone, che si sposano davanti ad un ufficiale dello stato o un sacerdote _____

OLTRE IL TESTO

4. Discutiamo! In questo testo si dice che i giovani spesso restano in casa fino a trent'anni. Anche nel tuo paese è così? Secondo te perché c'è questa situazione in Italia?

5. Immagina! Dividetevi in coppie. Ognuno sceglie uno dei due ruoli qui sotto. Dovrete discutere e trovare un accordo tra genitori e figli.

GENITORE	FIGLIO
Tuo figlio ha 32 anni e vive ancora con te. Ha una ragazza, ma sembra che non sia una relazione seria. Ogni sera esce e torna tardi, gli piace divertirsi e secondo te non vuole pensare al futuro. Prova a convincerlo a prendersi le sue responsabilità!	Hai 32 anni e non riesci a trovare un lavoro stabile. Lavori saltuariamente e guadagni troppo poco per poter vivere fuori casa. Hai una ragazza, che ami molto. Forse un giorno andrete a vivere insieme, ma per il momento non ci vuoi pensare!

I monosillabi accentati

Le parole monosillabe sono accentate solo quando possono confondersi con altre parole con la stessa forma grafica ma significato diverso. Osserva gli esempi:

In questa scuola si studia poco.
≠ **Sì**, hai ragione!

Mia figlia mi dà molte soddisfazioni.
≠ Vengo da Milano.

Se vuoi ti do lezioni private di pianoforte.
≠ Questa melodia inizia in Do minore.

Qui sopra Jovanotti; a fianco, Samuele Bersani;
nella pagina a fronte, Lucio Battisti.

- **cuffiette**: strumento per ascoltare individualmente qualcosa
  (generalmente musica)
- **sforzarsi**: fare uno sforzo, cercare di fare qualcosa

Come tutti i ragazzi del mondo, anche gli italiani sono sempre in giro con le **cuffiette** dell'iPod, passano
ore a scaricare Mp3, guardano MTV - trovano nella canzone la loro letteratura.
E come tutti i ragazzi del mondo hanno come punto di riferimento il rock americano e inglese, di cui
spesso leggono i testi **sforzandosi** di tradurli per capire il senso di quel che ascoltano.
Ma ascoltano anche molta musica italiana.
In Italia c'è una forte tradizione di "canzone d'autore", cioè canzoni i cui testi sono spesso più curati della
musica e rientrano a buon diritto nella letteratura: i "cantautori" sono i poeti degli ultimi decenni.
La canzone d'autore nasce alla fine degli anni Cinquanta con Modugno, celebre in tutto il mondo per una
canzone surreale, *Volare*. Negli anni successivi si sviluppano varie "scuole", cioè gruppi di cantanti legati ad
una città. La prima è la scuola genovese, il cui leader è Fabrizio de André, autore di canzoni magiche, fuori
dal tempo; ma ci sono anche cantanti come Gino Paoli, Luigi Tenco, Ivano Fossati. Quella genovese è una
tradizione che cura molto il testo, anche se musicalmente non fa innovazione.
Molto più legata al rock è la scuola bolognese, da Lucio Dalla a Gianni Morandi, da Vasco Rossi a Zucchero:
hanno tutti più di cinquant'anni, ma i giovanissimi riempiono gli stadi per i loro megaconcerti; tra i giovani
bisogna ricordare Vinicio Capossela e Daniele Silvestri.
Anche Roma e Napoli hanno dei gruppi di cantanti locali, da Claudio Baglioni ad Antonello Venditti, da
Renato Zero a Jovanotti, da Pino Daniele ai 99 Posse, un gruppo hip hop napoletano molto famoso.
Infine c'è la scuola catanese: l'artista più famoso è Franco Battiato, che da trent'anni unisce poesia, filosofia,
lingue e sonorità sempre nuove; ci sono poi Mario Venuti e soprattutto Carmen Consoli, che alterna con
originalità rock e melodie sinfoniche.
Infine, ci sono le due icone della canzone italiana: Lucio Battisti, il dominatore degli anni Settanta e Ottanta,
le cui canzoni sono ancor oggi note a tutti i ragazzi, e Mina, la più grande cantante italiana, che a
sessant'anni passati continua a incidere un CD ogni anno che va subito al primo posto nella classifica dei
dischi più venduti.
In conclusione, possiamo dire che esiste una scuola italiana della canzone d'autore, che i ragazzi conoscono
anche dopo la morte dell'autore (Modugno, De André e Battisti non sono più tra noi), che riempie gli stadi
di decine di migliaia di ragazzi che cantano insieme a cantanti ultracinquantenni dimostrando che questo
tipo di canzone ha la forza della poesia vera.

I ragazzi e la musica
(La vita quotidiana)

PRIMO CONTATTO

1. **Osserva! Riconosci i cantanti nelle foto di questa pagina? Quali sono i cantanti italiani più famosi nel tuo paese? Che genere di musica fanno?**

2. **Fatti un'idea! Leggi rapidamente il testo e scegli le parole e le espressioni qui sotto che descrivono le caratteristiche della "canzone d'autore".**

testo poetico	musica commerciale	scuola di canto
musica elettronica	cantautore	ripetitività
innovazione	testo banale	ritmo lento
tradizione	sperimentazione	ritmo veloce

3. **Cerca nel testo! Leggi ancora il testo e completa la tabella con le caratteristiche di ogni "scuola" musicale.**

SCUOLA	CARATTERISTICHE	CANTANTI
catanese		
	testi molto curati, ma musica tradizionale	
		Zucchero, Vasco Rossi ...

OLTRE IL TESTO

4. **Racconta! Prepara una breve relazione orale sui generi musicali e gli artisti più amati nel tuo paese. Hai 10 minuti per scrivere alcune note (parole-chiave, brevi frasi).**

5. **Per saperne di più... Lucio Battisti è uno dei cantanti che è entrato nella storia della musica italiana. Fai una ricerca sul web e trova informazioni relative a:**
a. la sua vita privata
b. la sua vita professionale
c. i suoi maggiori successi
d. le caratteristiche della sua musica.
Organizza poi le informazioni raccolte in modo coerente, presentandole alla classe.

L'elisione

"Elidere" significa "tagliare". Con l'elisione grammaticale tagliamo via le lettere di una parola, per brevità e comodità di pronuncia, e mettiamo un apostrofo. Le elisioni più frequenti sono:

a. tra un articolo <u>singolare</u> e un nome che inizia per vocale:
Es.: LA Amica   > L' amica
     LO Amore   > L'amore
     LE Amiche   > LE Amiche

b. tra un aggettivo ed un nome, o tra una preposizione articolata ed un nome o un aggettivo.
Es.: QuellO Elefante > Quell'elefante
     DallA Oca   > Dall'oca
     A sessantA anni > A sessant'anni

Perché abbiamo usato foto di bambini in questa scheda rivolta a giovani? Perché in Italia la mania sportiva viene sempre più coltivata dai genitori sui loro figli: il padre quarantenne, con difficoltà a fare una vita da sportivo, con un figlio di otto-dieci anni che vede poco, approfitta delle partite in TV, allo stadio o di qualche altra attività sportiva per accompagnare il figlio, come vedi nella foto della pagina a fronte - e spesso tutto questo non è bene. Non è bene perché gli adulti, cresciuti nei competitivi anni Ottanta, passano ai ragazzini un'idea molto agonistica dello sport, che certo non **rispecchia** il motto olimpico "l'importante è partecipare, non vincere".
Da un lato quindi abbiamo bambini trasformati in forzati dello sport, dall'altro adolescenti e giovani che lo sport lo praticano molto, in maniera più giocosa dei bambini, in quanto prevale la gioia del movimento fisico, del sentirsi in forma - a parte alcuni pazzi scatenati che ogni domenica fanno **danni** nelle città dove accompagnano le loro squadre *cfr.* **scheda 20**.

Negli ultimi anni le strutture sportive in Italia sono molto cresciute, e dovunque ormai è possibile raggiungere in tempi ragionevoli una piscina, un campo da calcio, spesso anche **attrezzature** di atletica. D'inverno ci sono treni speciali per chi vuole andare a sciare; d'estate le coste sono punteggiate di barche a vela - lo sport ecologico che piace sempre di più ai giovani, malgrado il **tifo sfrenato** degli italiani per le inquinanti gare di Formula 1 o quelle del Moto GP, dove Rossi, Melandri, Capirossi, Biaggi sono diventati veri e propri eroi nazionali *cfr.* **schede 10/11**.
C'è un altro tipo di sport che sta imponendosi: è la palestra, specialmente d'inverno, spesso definita con il nome inglese *wellness* o *fitness centre*.
E' uno sport solitario, svolto nei ritagli di tempo, dopo lo studio e il lavoro, che serve per mantenersi in forma - ma anche per scolpire il proprio corpo con esercizi adatti a modellare i muscoli: gli italiani sono sempre più attenti al loro aspetto fisico!

• **rispecchiare**: riflettere
• **danno**: problema o disturbo materiale o morale provocato da un'azione
• **attrezzature**: strumenti
• **tifo**: fanatismo sportivo
• **sfrenato**: esagerato, incontrollato

I ragazzi e lo sport
(La vita quotidiana)

PRIMO CONTATTO

1. Gioca con le parole! In questa scheda si parlerà di sport. Completa il cruciverba per sapere qual è il motociclista più famoso d'Italia!

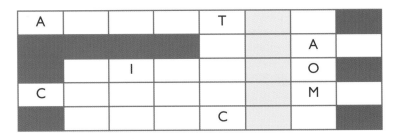

A				T				
							A	
			I				O	
C							M	
					C			

a. Chi fa rispettare il regolamento sportivo.
b. Rete nel gioco del calcio.
c. Fan di una squadra o di un giocatore.
d. Sport delle corse in bicicletta.
e. Lo sport più amato dagli italiani.
SOLUZIONE: Valentino ....

2. Fatti un'idea! Leggi rapidamente la scheda e cerca di capire qual è il rapporto dei giovani italiani con lo sport. Ad esempio, che tipo di sport fanno? Perché lo fanno?

3. Cerca nel testo! Leggi nuovamente il brano e trova la domanda giusta per queste risposte.

a. _____ ?
Perché molti adulti trasmettono una visione troppo competitiva dello sport.

b. _____ ?
Soprattutto per divertirsi, per fare movimento fisico e sentirsi in forma.

c. _____ ?
Per modellare il proprio corpo e mantenersi in forma.

d. _____ ?
In quasi tutte le città ormai si possono trovare piscine,
campi da calcio, palestre...

OLTRE IL TESTO

4. Pensaci! Come hai letto nel testo, molti italiani fanno sport per mantenersi in forma. Insieme ad un compagno scrivi 5 regole per una vita sana.

a. _____

b. _____

c. _____

d. _____

e. _____

> **L'ausiliare ESSERE nel Passato Prossimo**
>
> Il passato prossimo si costruisce con essere o avere + il participio passato del verbo.
> I verbi che hanno l'ausiliare essere al Passato Prossimo usano il participio passato come un aggettivo, e quindi lo accordano con il soggetto.
>
> Esempi:
> *Le strutture sportive in Italia sono molto cresciute.*
> *I bambini italiani sono trasformati in forzati dello sport.*

Lo sport nazionale è il calcio. Ma secondo molti non è più uno sport, è un'ossessione nazionale. Nelle sei reti televisive principali ci sono almeno due o tre partite la settimana nell'orario serale di massimo ascolto, e la domenica la televisione è monopolizzata dal calcio sia nel pomeriggio sia la sera.

D'altra parte *La gazzetta dello sport* è il secondo giornale italiano come vendita, subito dopo il *Corriere*: ed è un giornale che, come gli altri quotidiani sportivi, vive drammatizzando il calcio, analizzando gli arbitraggi, perfino occupandosi della vita privata dei calciatori *cfr.* **scheda 19** .

Già, i calciatori: sono gli eroi di oggi, spesso più dei cantanti e degli attori. Sono ricchi, ricchissimi, hanno un fisico atletico - ma spesso sono **viziati** dal successo raggiunto troppo giovani, per cui sono dei modelli non proprio positivi; la loro stessa vita - spesso segnata dalla consapevolezza che a trent'anni inizia il calo fisico - è segnata dal protagonismo, dal narcisismo, dall'esagerazione.

Di conseguenza molti giovani, soprattutto di strati sociali bassi e di cultura molto limitata, si identificano nei loro idoli calcistici, seguono la squadra, **scatenano** la loro aggressività negli stadi e nelle città dove si giocano le partite, scatenando vere guerre urbane. Ma accanto a questi **teppisti**, ci sono anche molti ragazzi che capiscono che tra il personaggio esemplare di genio e **sregolatezza**, Maradona, e una persona equilibrata come il più grande difensore di sempre, Paolo Maldini, esiste una differenza di valori umani e sportivi enorme.

Ma il panorama non è solo negativo come quello che abbiamo descritto: migliaia di giovani giocano a calcetto (una variante di calcio in un campo piccolo, con squadre di 5 anziché di 11 giocatori) *cfr.* **scheda 11** . Gli italiani ripetono sempre che il loro è il più bel campionato del mondo... e forse è vero: in Italia giocano metà delle nazionali che partecipano ai campionati mondiali; inoltre, anche squadre inferiori alle tre "grandi", Juventus, Milan, Inter, offrono spesso lo spettacolo di un calcio stupendo, molto tecnico, molto tattico, dove il pensiero **conta** quanto la forza fisica. Comunque, anche se non credete che il campionato italiano sia il più bello del mondo, non ditelo a un ragazzo italiano: potete rompere un'amicizia...

- **viziato**: educato male perché può fare quello che vuole senza restrizioni
- **scatenare**: liberare, dare sfogo
- **teppista**: chi commette azioni violente e vandaliche
- **sregolatezza**: modo di vivere senza regole e restrizioni
- **contare**: essere importante

Lo sport nazionale: il calcio
(La vita quotidiana)

PRIMO CONTATTO

1. **Osserva! Prima di leggere il testo, guarda le foto di pag. 24 e 25. Cosa vedi? Che atmosfera c'è in queste foto? Quali sensazioni provi nel vederle?**
Parlane con un compagno e chiedigli se ha provato le stesse sensazioni.

2. **Cerca nel testo! Leggi con attenzione il testo e aiutandoti dal contesto, trova una definizione per le seguenti parole.**

a. drammatizzare _____

b. monopolizzare _____

c. protagonismo _____

3. **Cerca nel testo! Leggi nuovamente il testo e forma delle frasi collegando le parti della colonna A con quelle della colonna B.**

A	B
1. La gazzetta dello sport	a) ci sono soprattutto programmi sportivi.
2. Di domenica in televisione	b) il loro campionato sia il migliore del mondo.
3. Molti calciatori italiani	c) considerano i calciatori come degli eroi.
4. Gli italiani pensano che	d) si interessano della vita privata dei calciatori
5. Molti giovani	e) è uno dei giornali più venduti in Italia.
6. Molti giornali	f) sono ricchissimi e vivono come divi dello spettacolo.

OLTRE IL TESTO

4. **Discutiamo! I fenomeni di violenza negli stadi sono un grande problema in Italia. Potete usare le frasi qui sotto come stimolo per la discussione.**

Nel mio paese la violenza negli stadi...

Una volta è successo che...

Forse una causa di questo problema è...

Un'altra causa è...

Per risolvere questo problema bisogna...

Il superlativo relativo

Il superlativo relativo si costruisce con:

Articolo determinativo +
+ Nome
+ più/meno
+ Aggettivo
+ di
termine di paragone

Quello italiano è il più bel campionato del mondo.
Il rugby è probabilmente lo sport meno amato dagli italiani.

L'Italia del calcio e dell'atletica è azzurra - ma quella dei motori è rossa, come la Ferrari e la Ducati, e parla spesso l'italiano emiliano e romagnolo, la regione da dove provengono i motociclisti più **spericolati**, da Valentino Rossi a Melandri, e dove si producono le Ferrari, le Maserati, le Lamborghini *cfr.* **scheda 25** .

Al lunedì puoi sentire le persone più impensate - la vecchia tabaccaia, i clienti dal macellaio, i bambini delle elementari - che discutono **animatamente** sull'ultimo Gran Premio, con considerazioni tecniche che ripetono quelle dei cronisti televisivi!

Ma il gusto per i motori non si limita agli eroi della domenica sportiva. La passione per il motociclismo è da sempre diffusissima in Italia, e spesso porta i ragazzi a "truccare" i loro motorini in modo che anziché restare sotto i 50 Km/h toccano spesso gli 80, 90 chilometri all'ora *cfr.* **scheda 22** ; e per molti stranieri guidare in certe strade italiane è uno shock, si sentono **costretti** a una guida attenta e tesa come se fossero in un circuito...

Un fenomeno recente è la diffusione dei circuiti per kart, le piccole automobili che possono essere guidate anche da bambini: sono sempre più frequenti i genitori che portano i loro figli ai "kartodromi", come pure ai circuiti di motocross nelle molte montagne e colline italiane.

Per avere un'idea della passione italiana per auto e moto l'esperienza più eccitante è visitare il Motorshow di Bologna, che si tiene in inverno: è la grande fiera sia delle macchine e delle moto normali sia di veri e propri mostri della strada, gioielli della tecnica, auto e moto da sogno; e poi ci sono performance in pista, con la presenza di attori, cantanti, sportivi famosi.

I treni scaricano ogni giorno migliaia e migliaia di adolescenti e giovani che saltano un giorno di scuola o di università per andare al Motorshow a vedere le novità, per toccare la moto di Valentino Rossi (il grande idolo degli appassionati del motore) o la Ferrari di Schumacher. Già: Schumacher - cosa darebbero gli italiani per vedere un italiano al volante di una rossa? (e "rossa", l'avrai capito da solo, non ha bisogno di spiegazioni: c'è solo una "rossa" in Italia!).

- **spericolato**: imprudente, che non capisce i possibili rischi e i pericoli
- **animatamente**: intensamente
- **costretto**: obbligato, che non ha alternativa

Lo sport in rosso: Ferrari & Ducati
(La vita quotidiana)

PRIMO CONTATTO

1. **Pensaci! La Ferrari è uno dei simboli dell'Italia.**
Secondo te quali altri simboli dell'Italia sono famosi nel mondo?
Fai una classifica dei primi 3 simboli italiani più famosi nel mondo. Poi confronta la tua classifica con quella dei compagni e discutine con l'insegnante.

2. **Cerca nel testo! Completa le frasi con le informazioni che trovi nel testo!**

a. Le auto da corsa e i motociclisti più famosi sono prodotti in _____ .

b. La passione per il motociclismo è molto diffusa tra i giovani, che infatti _____ .

c. Nei "Kartodromi" _____

d. Il Motorshow è _____

OLTRE IL TESTO

3. **Discutiamo! Nella cultura italiana si pensa spesso che le donne e i motori non siano buoni amici... Ci sono due famosi proverbi:**

"Donne e motori, gioie e dolori"
"Donna al volante pericolo costante"

Cosa significano questi proverbi? Esistono proverbi simili anche nel tuo paese? Sei d'accordo con il loro significato? Fai esempi che confermano o smentiscono questi proverbi.

L'articolo indeterminativo UNO

Si una *uno* e non *un* davanti ai nomi <u>maschili</u> che iniziano per:
- *ps*, come: psicologo, psicopatico, pseudoscientifico...
- *s + consonante*, come: shock, slalom, sport, scalino, spirito...

Si dovrebbe usare <u>uno</u>, ma spesso anche gli italiani usano *un*, davanti a:
- *gn*, come: gnocco, gnomo...
- *pn*, come: pneumatico...

Scheda 11
(La vita quotidiana)

Abbiamo visto il calcio e gli sport del motore, abbiamo visto i genitori che quasi impongono l'agonismo ai loro figli *cfr.* **schede 8/9/10** ... ma in Italia qualcuno fa sport per divertimento, per benessere, per puro piacere? Sì. E questa è una delle cose che è più cambiata negli ultimi anni: tutti i giovani, e spesso non solo i giovani, hanno scoperto il piacere e la necessità dello sport. D'inverno chi può va in montagna, e chi non può va almeno in piscina e in palestra per mantenersi in forma, in attesa del bel tempo. Anni fa "montagna" significava quasi esclusivamente le zone sciistiche delle Alpi e degli Appennini che **circondano** la Pianura Padana, ma oggi ci sono attrezzature sciistiche sia nel centro Italia, soprattutto in Abruzzo e Molise, sia in Calabria, nell'altipiano della Sila.

Appena arriva la primavera, le strade di campagna o di periferia si riempiono di persone che corrono, "fanno jogging", come si dice spesso: è il piacere di riprendere fiato dopo i mesi invernali, di ritrovare la tonicità dei muscoli, di prepararsi ai mesi caldi in cui si può andare al mare o fare lunghe **escursioni** in montagna.

L'Italia è una lingua di terra circondata dal mare, ma per secoli è stata una nazione di montanari e di contadini che **diffidavano** dell'acqua, ma oggi lo sport che sta crescendo di più è la barca, soprattutto a vela, e in molte zone lontano dal mare si fanno **regate** a remi nei fiumi e nei laghi. Ci sono barche a vela di tutti i prezzi, di tutte le dimensioni, di tutti i gusti. E non si fa più solamente "piccolo cabotaggio", cioè la navigazione lungo la costa, ma si attraversa il mare: dalle coste adriatiche si va in un giorno in Croazia, Albania e Grecia; dalle coste tirreniche si va in Sicilia, Sardegna e Corsica, dal sud molti vanno a Malta.

E' una passione spesso abbastanza costosa, perché la **manutenzione** di una barca a vela non è semplice, ed allora nascono le barche in comproprietà, che appartengono a gruppi di amici - che magari sono gli stessi che vanno a sciare insieme d'inverno o a giocare a calcetto, dove l'importante è divertirsi, sudare, stare insieme.

- **circondare**: chiudere tutt'intorno, accerchiare, attorniare
- **escursione**: gita, camminata
- **diffidare**: non fidarsi, non avere fiducia
- **regata**: competizione, gara di velocità tra barche
- **manutenzione**: tutte le azioni necessarie per conservare qualcosa

Lo sport per divertirsi
(La vita quotidiana)

PRIMO CONTATTO

1. Gioca con la memoria! Forma insieme ai compagni squadre di 3 persone.
Ogni membro della squadra ha 2 minuti di tempo per scrivere il maggior numero di azioni che si fanno di solito nel tempo libero.
La squadra ha poi altri 2 minuti per costruire una lista unica di parole.
Vince la squadra che trova più azioni.

2. Cerca nel testo! Qui sotto c'è un breve riassunto del testo che hai appena letto. Ci sono 5 errori di contenuto. Trovali e correggili!

In Italia negli ultimi anni i giovani fanno sport soprattutto per divertirsi e tenersi in forma. In inverno spesso si va alle terme e in palestra, e chi può va in campagna. In primavera, quando arriva il primo sole e le belle giornate, molte persone iniziano a "fare jogging" in campagna o in montagna, per prepararsi all'estate. In Italia è sempre stato diffuso lo sport della barca, e in molte zone è possibile fare regate. Comprare e prendersi cura di una barca non è molto costoso. Spesso gruppi di amici comprano una barca insieme.

3. Gioca con le parole! Qui sotto ci sono 5 parole che hai incontrato nel testo. Trova nel Crucipuzzle i sinonimi di queste parole!

ESCURSIONE   FARE JOGGING   IMPORRE   NECESSITÀ   SCOPRIRE

A	N	B	I	S	T	I	C	C	A	A	E
E	D	I	F	P	M	D	U	E	I	M	L
R	D	S	U	H	I	D	S	R	L	E	I
E	E	O	B	B	L	I	G	A	R	E	S
R	M	G	L	V	C	N	I	V	Q	T	I
R	O	N	S	N	H	E	T	O	A	T	T
O	R	O	N	N	I	E	A	R	Z	O	T
C	D	A	U	Q	A	P	O	T	Z	R	T

OLTRE IL TESTO

4. Immagina! Sei in vacanza per un'intera settimana, completamente libero di fare quello che vuoi!
Dove vuoi passare questi giorni?
Progetta la tua giornata-tipo e raccontala alla classe.

Le preposizioni di luogo IN e A

Con i nomi geografici si usa *in* quando si parla della nazione o regione, mentre si usa *a* quando si parla di una città.

Esempi:
*Gli italiani vanno spesso con la barca **in** Croazia e **in** Sardegna.*
*Molti italiani amano andare in vacanza **a** Roma, **a** Firenze e **a** Venezia.*

ATTENZIONE! *Gli italiani amano passare le vacanze **in** montagna, **in** campagna e **al** mare!*

L'Italia è stata per millenni una terra povera. Di conseguenza, la base del cibo non è mai stata la carne, bensì i cereali: la pasta, che viene fatta con il grano duro tipico del Sud (in alto vedi una delle forme più diffuse, le "penne"); il pane, di cui esistono centinaia di forme diverse, come quelli che vedi nella foto a destra; la pizza, tipica del Sud, lavorata a mano; al Nord, ricco di umidità e acqua, si usavano anche il riso e la polenta, fatta con il mais.

Negli anni Sessanta e Settanta, con il miracolo economico, gli italiani hanno cominciato a preferire la carne *cfr.* **scheda 13**, anche se ora stanno più attenti a non mangiarne tutti i giorni; negli anni Ottanta e Novanta si sono imposti i fast food all'americana; ma presto gli italiani si sono ribellati e sono nati dei fast food in cui non trovi hamburger e patatine ma panini, pasta, risotto o pizza "al taglio" (non una pizza tonda come quella della foto qui sotto, ma grandi pizze che vengono tagliate in riquadri). E' la **vendetta** del cibo tradizionale italiano! *cfr.* **scheda 13**

L'Italia, dicevamo, è piena di fiumi e di montagne: quindi le comunicazioni erano difficili, ogni comunità viveva isolata: quindici secoli di separazione in comuni, piccole città autonome, in piccoli stati spesso in guerra tra loro, hanno prodotto una varietà di cibi, vini, pane, pizze, ecc., non immaginabile per chi non ha visitato l'Italia, soprattutto se accompagnato da un italiano. Non solo il pane di una regione è diverso da quello di un'altra, ma quello di una città è diverso da quello della città vicina, nella stessa regione; sui **condimenti** per la pasta e per la pizza, poi, le differenze sono abissali - eppure la base era sempre la stessa: mettere sulla pasta o sulla pizza un sugo a base di olio e pomodoro, profumato con erbe aromatiche, e caratterizzato da **avanzi** di carne, di verdure, pane vecchio, o pezzetti di pesce **poco pregiato**. Una cucina povera, poverissima, ma che ha scatenato la fantasia di ogni paesino, che ha una sua ricetta propria. Malgrado un secolo di "globalizzazione" italiana non si sono persi i regionalismi. Al contrario, è avvenuto un miracolo: le ricette regionali si sono diffuse in tutte le regioni, ma senza confondersi, senza perdere la loro originalità.

E così puoi passare un anno in Italia mangiando ogni giorno una pasta o una pizza o un pane diverso!

- **vendetta**: offesa, danno, punizione che dai a qualcuno che prima aveva fatto un'ingiustizia nei tuoi confronti
- **condimento**: sostanza che dà più sapore a un piatto
- **avanzo**: quello che resta di qualcosa
- **poco pregiato**: di bassa qualità

Pasta o Pizza?

(La vita quotidiana)

PRIMO CONTATTO

1. **Pensaci! In questa scheda parleremo di cibo italiano.**
Quali piatti tipici italiani conosci?
Ti piace il cibo italiano?
Qual è secondo te un "tipico pasto all'italiana"?

2. **Cerca nel testo! Questo breve testo riassume la scheda che hai letto. Inserisci la parola giusta tra quelle tra parentesi per dare il senso corretto alla frase.**

L'Italia è stata per molti anni un paese *(povero/ricco/diviso)* .... , quindi di solito non si mangiava la carne, ma cibo a base di cereali: pasta, pane, pizza, polenta... Solo con la crescita economica degli anni '60 e '70 la carne è diventata un piatto *(regionale/insolito/comune)* .... L'Italia è un paese con *(alcune/poche/molte)* .... montagne e fiumi, quindi le città e le regioni sono state isolate per molto tempo. Per questo c'è una grande varietà di cibo! Il pane, ad esempio, è *(grande/uguale/diverso)* .... in ogni regione, e spesso in ogni città! Allo stesso modo ogni regione ha i suoi tipi di pasta e i suoi condimenti. Con l'arrivo dei mezzi di comunicazione e i mezzi di trasporto le tradizioni di cucina regionale *(si sono/non si sono)* .... perse, anzi *(si sono/non si sono)* .... diffuse in tutta Italia!

3. **Cerca nel testo! Dopo aver riletto il testo, scrivi i cibi tipicamente italiani:**

a. negli anni '50 _____

b. negli anni '60 e '70 _____

c. negli anni '80 e '90 _____

d. nel 2000 _____

OLTRE IL TESTO

4. **Pensaci! Ora che hai letto la scheda, è confermata la tua idea sul "tipico pasto all'italiana"?**

> *La forma passiva del presente indicativo* cfr. **scheda 02**
>
> La forma passiva è possibile sono con i verbi transitivi e si costruisce con:
>
> **l'oggetto dell'azione**
> **+ essere/venire**
> **+ participio passato**
> **(+ *da* + soggetto dell'azione)**
>
> ATTENZIONE! Il participio passato va concordato con l'oggetto dell'azione:
>
> *La pasta è fatta con il grano duro.*
> *La pizza viene mangiata da quasi tutti gli italiani.*

L'Italia ha tre habitat geografici diversi e, a causa delle difficoltà di comunicazione (montagne, fiumi, e ancora montagne; una sola vera pianura, al Nord) i cibi tipici delle tre zone si sono sviluppati separatamente, anche se oggi li trovi in tutt'Italia *cfr.* **scheda 12** .

Nelle pianure del Nord domina il maiale - e nella foto della pagina a fronte vedi la mortadella: prosciutto e salame si trovano in tutt'Europa, ma la mortadella è solo e soltanto emiliana, tant'è vero che in molte lingue la si chiama "bologna", come il capoluogo emiliano.
Nelle colline del Centro, del Sud e delle Isole, dove c'era anche qualche maiale, la base dell'alimentazione era l'agnello. E quindi anche il formaggio tipico della Penisola è il pecorino, in mille varietà.
Ma l'Italia è anche una **striscia** di terra lanciata come una spada nel mare: quindi, è una terra di pesce. Mentre non esistono grandi differenze nel modo di preparare e cucinare maiale e agnello, il modo in cui viene preparato il pesce cambia non solo da regione a regione ma da città a città - e cambiano anche i nomi dei pesci: quello che nella costa adriatica si chiama "branzino", sul Tirreno si chiama "spigola", e per molluschi e i crostacei la differenza di nomi è ancora più forte.

Per secoli sono state ben poche le occasioni in cui si mangiava carne o pesce: per molti mesi dell'anno pescare è pericoloso, le pecore e le mucche servivano per il latte, il maiale poteva essere ucciso solo verso l'inverno, perché la conservazione della carne sarebbe stata impossibile: quindi la base del cibo era data dai cereali: pane, pasta, pizza, polenta *cfr.* **scheda 12** ; con il miracolo economico iniziato negli anni Sessanta e con la diffusione dei frigoriferi la carne è arrivata massicciamente sulla tavola degli italiani: la carne dimostrava che si erano raggiunti il benessere, la ricchezza. Oggi questa moda sta lentamente **tramontando**, anche perché l'**eccesso** di carne fa male alla salute, e quindi sempre di più si preferisce mangiare poca carne, ma di buona qualità, alternandola con pesce e, soprattutto, privilegiando la pasta, il riso o la pizza.

* striscia: pezzo stretto e lungo
* tramontare: perdere importanza
* eccesso: quantità esagerata, troppo grande

Agnello, pesce o maiale?
(La vita quotidiana)

PRIMO CONTATTO

1. Pensaci! In questa scheda si parlerà di carne e pesce in Italia. Tu mangi la carne o sei vegetariano?
Fai un piccolo sondaggio nella tua classe per vedere quante persone mangiano carne o no, e chiedi loro perché.

2. Cerca nel testo! Dopo aver letto il testo, guarda la cartina dell'Italia e segna:
a. in rosso le zone dove si mangia di più maiale
b. in azzurro le zone dove si mangia di più pesce
c. in arancione le zone dove si mangia di più agnello

3. Cerca nel testo!
Leggi di nuovo il testo e spiega brevemente:

a. perché una volta si mangiavano poco carne e pesce;
_____

b. perché oggi si cerca di mangiare meno carne;
_____

c. cosa si mangia oggi spesso al posto della carne
_____

OLTRE IL TESTO

4. Immagina! Forma con i compani gruppi di 3 persone. Ogni gruppo è il gestore di un ristorante italiano e deve costruire il suo menù del giorno (riutilizzate le parole che avete incontrato nelle schede 12 e 13). A turno gli altri gruppi verranno da voi a cena e insieme dovrete simulare un'ordinazione al ristorante.

5. Racconta! Costruisci un questionario e poi intervista un tuo compagno sulle abitudini alimentari nel suo paese. Racconta poi al resto della classe le risposte del compagno. Ecco alcune cose che potresti chiedergli:
a. Nel tuo paese il pasto principale si svolge:
  ☐ tra le 6:00 e le 10:00   ☐ tra le 10:00 e le 15:00
  ☐ tra le 15:00 e le 22:00   ☐ dopo le 22:00
b. Che cosa si mangia generalmente a colazione/pranzo/cena?
c. Quali sono i primi piatti tipici del tuo paese?
d. Quali sono i dolci tipici nel tuo paese?
e. Qual è il tuo cibo preferito e perché? Mangi la carne? Se sì, che tipo di carne mangi? Quanto spesso la mangi?

I pronomi oggetto diretto

I pronomi oggetto diretto esprimono l'oggetto di un'azione e si usano con i verbi transitivi.
Le forme sono: *mi, ti, lo/la, ci, vi, li/le*. Nei tempi coniugati (presente, passato prossimo...) i pronomi oggetto diretto si mettono prima del verbo. Con i verbi all'infinito e all'imperativo informale si mettono dopo il verbo.

Esempi:
*Ti piacciono i film horror? Io non **li** ho mai guardati.*
*Questa torta è proprio buona! Assaggia**la** anche tu!*

Negli anni Ottanta la cultura americana, portata dai film, dalla televisione, dai giornali, è **sbarcata** in Italia - e si è portata dietro il fast food.

La diffusione dei fast food è stata anche resa possibile dal fatto che sono cambiate le abitudini lavorative: una volta si tornava a casa durante l'ora del pranzo, ma da trent'anni si preferisce restare vicini al luogo di lavoro e mangiare qualcosa di veloce: *fast*, appunto.

Ma per gli italiani il cibo è sacro e il fast food non lo è di certo... La prima reazione è stata la sostituzione del hamburger, il simbolo del fast food, con panini di verdura o salumi, con un piatto di pasta o di risotto, con una pizza *cfr.* **scheda 12** .

Poi c'è stata una reazione più profonda: non tanto per il pasto leggero di mezzogiorno, quanto per quello serale (di solito la cena era leggera) o per i weekend: è stata la vendetta della tradizione italiana, della sua enorme varietà, e in Piemonte si è trovata la parola giusta: *slow food*, il pasto lento, gustato con calma, **chiacchierando** con gli amici, parlando di sport, di motori, e soprattutto di... cibo!

Sì, perché gli italiani sono tipici per questo: stanno mangiando e parlano di mangiare, di varietà di pasta, di vini da accoppiare con i diversi cibi. Insomma, ci si dimentica che il cibo serve per nutrirsi e lo si considera una delle forme massime di piacere, di cultura, di occasione sociale.

Il diffondersi dello slow food ha coinciso con quello degli "agriturismo" (o "agriturismi": è una parola nuova, quindi il plurale non ha ancora trovato una forma unica): sono case di contadini, spesso molto **restaurate**, in cui il weekend e talvolta anche altre sere della settimana si può mangiare cucina tradizionale, e in cui almeno il 30% di quello che viene servito è prodotto dal contadino stesso, altrimenti non può chiamarsi "agriturismo" né godere di **vantaggi** fiscali. Nella foto in alto vedi ingredienti di un tipico pasto rustico, con zuppe di cereali e legumi, salumi, formaggi, un pollo (probabilmente cresciuto nel pollaio del contadino) e il tipico fiasco del vino casalingo; qui sotto, vedi il formaggio gorgonzola che spesso viene accompagnato da sedano o altre verdure; nella pagina a fronte vedi uno dei re dello slow food, il tortellino emiliano (ma ci sono varianti in ogni regione): è slow non solo perché lo mangi lentamente, ma perché farli a mano, uno a uno, richiede tanto tempo, tanta pazienza, tantissimo amore per la cucina!

- **sbarcare:** arrivare dal mare
- **chiacchierare:** conversare tranquillamente di argomenti leggeri
- **restaurare:** sistemare, ristrutturare un posto per migliorarlo
- **vantaggio:** condizione favorevole, utile, positiva

La vittoria dello slow food
(La vita quotidiana)

PRIMO CONTATTO

1. Gioca con la memoria! Forma una squadra con i compagni. Osservate attentamente la foto a pag. 34 e in 2 minuti scrivete il numero maggiore di nomi di alimenti che vedete.

2. Cerca nel testo! Queste frasi in disordine riassumono le informazioni contenute della scheda. Sistemale secondo l'ordine con cui si trovano nel testo.

a. Si è diffuso anche l'agriturismo.
b. I fast food si sono diffusi perché la gente preferisce mangiare vicino al posto di lavoro.
c. Gli italiani amano parlare di cibo mentre stanno mangiando in compagnia.
d. "Slow food" è un'espressione inventata dai piemontesi.
e. Gli italiani fanno "slow food" soprattutto la sera.
f. Per gli italiani il cibo ha una grande importanza sociale e culturale.
g. I pasti rustici sono un esempio di "slow food".

ORDINE CORRETTO: _____

3. Gioca con le parole! Per scoprire cosa significano queste parole, metti in ordine le definizioni.

ACCOPPIARE: due / due / insieme / cose / persone / o / mettere

AGRITURISMO: rustico / ristorante / a / prezzo / dove / si / buon / piatti / tradizionali / mangiano

VENDETTA: a / torto / offesa / chi / ci ha / un / fatto / data

OLTRE IL TESTO

4. Racconta! Come sono i pasti nel tuo paese? Completa la tabella e racconta ai compagni.

	a che ora lo fai?	quanto dura?	dove lo fai?	che cosa mangi?
pranzo				
cena				

L'infinito sostantivato

L'infinito del verbo può diventare un sostantivo, e quindi può avere vicino articoli, preposizioni, aggettivi. L'infinito sostantivato spesso indica un'azione temporanea vista mentre si svolge.

Esempi:
Il battere della pioggia sulla finestra mi da fastidio (infinito sostantivato ⟶ azione temporanea).
Mentre corri **il battito** del cuore aumenta (sostantivo ⟶ azione costante).

Scheda 15
(La vita quotidiana)

* **invidiare:** avere un sentimento negativo verso qualcuno che ha più
  fortuna o è più bravo
* **vinificazione:** il processo di produzione del vino
* **reggere:** sopportare, resistere
* **stabilire:** decidere ufficialmente

Nelle schede precedenti abbiamo parlato di cereali (pasta, pizza, riso, pane, polenta: *cfr.* **scheda 12**) e di carne (maiale, agnello, pesce: *cfr.* **scheda 12**) - ma in entrambi i casi una cosa non manca sulla tavola degli italiani: il vino!

Per decenni gli italiani hanno **invidiato** i francesi, i cui vini, secondo gli italiani non erano certo superiori anche se molto più famosi dei vini italiani. In realtà i vini francesi erano lavorati molto meglio di quelli italiani, ad eccezione di alcuni vini classici come il Barolo piemontese, il Tocai veneto, il Chianti toscano, che erano ben curati. Per il resto, tutte le uve venivano mescolate e il vino lo facevano i contadini. Dagli anni Ottanta la situazione è cambiata: sono nate aziende dove i contadini portano le loro uve, si sono diffuse tecniche di **vinificazione** molto curate, si sono valorizzate le differenze dei vini delle varie zone, e adesso i vini italiani sono pari a quelli francesi (ma gli italiani diranno sempre che i loro sono superiori!) e sono in grado di **reggere** la concorrenza dei vini eccellenti che, a seguito dell'emigrazione italiana, sono nati in Cile, Argentina, Sud Africa ed Australia.

La foto che vedi nella pagina a fronte è significativa del cambiamento sociale avvenuto per quanto riguarda il vino: la nonna di quella ragazza non avrebbe mai bevuto vino in pubblico! Oggi anche le ragazze amano il vino, sono sempre di più quelle che, come molti ragazzi, seguono corsi per "imparare a bere", nella filosofia dello slow food *cfr.* **scheda 14** : il vino è un piacere, e se non è buono che piacere è?

Mentre nella tradizione della pasta, del pane, della carne la differenza tra le regioni e le città è secolare, la differenza tra i vini delle diverse aree è stata valorizzata solo recentemente: è l'effetto della "Denominazione d'origine Controllata" (Doc) che caratterizza i vini italiani d'oggi: un vino deve indicare la zona di produzione, di cui rispetta le caratteristiche tradizionali. Sempre più spesso, oggi, c'è anche la "Produzione in Quantità Controllata": gli ispettori regionali visitano le vigne in estate e, sulla base della quantità d'uva, **stabiliscono** che in quella vigna si potranno fare, ad esempio, solo 20.000 bottiglie - e questo significa che non sarà possibile importare uva da altre nazioni o regioni per fare più vino.

Diciamo sempre che i tempi moderni hanno rovinato la buona qualità del buon tempo antico: nella civiltà del vino è vero l'opposto!

La civiltà del vino
(La vita quotidiana)

PRIMO CONTATTO

I. Gioca con la memoria! In questa scheda si parlerà di vino. Quali tipi di vino conosci? Ti piace bere il vino? Secondo te, quale paese produce il miglior vino?

2. Cerca nel testo! Forma delle frasi collegando le parti della colonna A con quelle della colonna B.

A	B
Secondo gli italiani i vini francesi	ci sono il Tocai veneto e il Chianti toscano.
Tra i vini italiani più pregiati	frequentano corsi di degustazione dei vini.
Un tempo le donne	sono nate forme di controllo della qualità del vino.
La valorizzazione dei diversi vini	era prodotto dai contadini.
Un tempo il vino	non sono migliori di quelli italiani.
Oggi molti giovani	sono nate negli anni '80.
Negli ultimi anni	è un fenomeno recente.
Le aziende che producono vino	non potevano bere vino in pubblico.

3. Cerca nel testo! Leggi di nuovo il testo e spiega cosa sono:

a. la Denominazione di Origine Controllata

b. la Produzione in Quantità Controllata

OLTRE IL TESTO

4. Gioca con la memoria! Nelle schede 12-15 si è parlato di cibo. Vediamo quante parole ricordi con questo gioco. Ecco cosa devi fare.

a. Prendete dei piccoli cartoncini. Su ogni foglio scrivete una lettera dell'alfabeto
   (togliete le più difficili: h, q!). Questo sarà il mazzo di carte per il gioco.
b. Si mescolano le carte e, senza vederle, scegli una carta e leggi la lettera.
c. Ogni concorrente ha la tabella qui sotto e deve scrivere per ogni categoria una parola che inizia per
   quella lettera. Avete 2 minuti di tempo!
d. Scaduto il tempo, ogni studente legge le sue parole. Ricevi 10 punti per ogni parola a cui nessun altro ha
   pensato; 5 punti se anche altri studenti hanno scritto la tua stessa parola.
e. Ora pesca un'altra carta un tuo compagno: nuovo giro!

	Tipo di Pizza	Tipo di carne/pesce	Condimento/contorno	Tipo di bevanda	PUNTI
Turno 1					
Turno 2					
Turno 3					

- **innalzarsi**: salire, aumentare, crescere
- **laureato**: persona che ha finito gli studi universitari, e perciò ha una laurea
- **clandestino**: irregolare, che non rispetta la legge

Nelle foto vedi tre donne al lavoro: un'operaia, un'impiegata, e una delle più celebri giornaliste italiane, Lilly Gruber. Dagli anni Sessanta in poi le donne hanno dovuto/voluto entrare nel mondo del lavoro e oggi sono presenti in ogni professione, anche se la loro rappresentanza nella politica e nel management è ancora molto ridotta.

Il fatto che le donne lavorino ha cambiato la vita tradizionale degli italiani: non c'è più la casalinga che prepara il pranzo di mezzogiorno, in attesa del marito e dei figli - anche se proprio i figli rappresentano un problema, perché la maggioranza delle scuole finisce intorno alle 13, e quindi i ragazzini devono andare dai nonni, oppure bisogna fargli trovare qualcuno a casa, di solito la donna che viene a fare le pulizie e che bada ai bambini fino al ritorno delle madri o dei padri dal lavoro. E così una donna che lavora crea un altro posto di lavoro per un'altra donna che la sostituisce a casa…

Il lavoro ha reso le donne molto più indipendenti e questo significa che l'età del matrimonio o della convivenza si è molto **innalzata**, per cui il primo figlio raramente nasce da una donna sotto i 25 anni, molto più spesso è intorno ai 30, spesso anche oltre *cfr.* **scheda 12** . E questo significa che il secondo figlio spesso non viene cercato: l'Italia è il paese in cui si fanno meno figli al mondo!

Il fatto che sempre più spesso le donne raggiungano alti livelli di istruzione (hanno superato i maschi nel numero dei giovani **laureati**) e quindi trovino un lavoro, pone un problema anche in un altro settore tradizionale del lavoro femminile, la cura degli anziani, oltre a quello della casa e dei figli, dove i mariti non sono sempre di grande aiuto.

La necessità di aiutare gli anziani ha creato un ampio mercato per altre donne lavoratrici: quelle che non hanno titoli di studio, quindi non possono andare a lavorare in ufficio, nell'insegnamento, nelle professioni: sono le "colf", cioè le "collaboratrici familiari" che puliscono la casa, le baby-sitter, spesso studentesse o donne anziane, e soprattutto le "badanti": è un termine nuovo, derivata da "badare", prendersi cura, che definisce le donne che curano gli anziani che non possono restar da soli (e l'Italia è uno dei paesi in cui la vita media è più lunga al mondo). Oggi sono soprattutto donne immigrate dall'Est Europeo che si occupano degli anziani, e tra regolari e **clandestine** le badanti sono oltre 600.000.

L'Italia delle donne
(La vita quotidiana)

PRIMO CONTATTO

I. Osserva! Che lavoro fanno le donne in queste foto?
Queste foto potrebbero essere fatte anche nel tuo paese?

2. Fatti un'idea! Dopo aver letto il testo, scegli gli
aggettivi che meglio descrivono la donna italiana oggi.

Liala, una famosa scrittrice italiana di romanzi d'amore.

intraprendente	debole	pericolosa
istruita	rilassata	affascinante
annoiata	precisa	simpatica
solitaria	impegnata	sicura di sé
indipendente	stressata	felice

3. Cerca nel testo! Completa la tabella con le
informazioni del testo sulla vita della donna italiana.

TIPI DI LAVORO	VITA FAMIGLIARE	ISTRUZIONE	PROBLEMI
	pochi figli		è necessario l'aiuto dei nonni per allevare i figli ....

4. Gioca con le parole! Risolvi gli anagrammi per scoprire come si chiama chi fa questo lavoro.

Assiste gli anziani   TADABEN
_____

Pulisce le case di altri   BRALLACROCEOTI RALIAFIME
_____

Gestisce un'azienda   GRAMANE
_____

Lavora in fabbrica   PIAROEO
_____

OLTRE IL TESTO

5. Racconta! Com'è la situazione delle donne nel tuo
paese? La maggior parte delle donne lavora? Se si, che
tipo di lavoro fa? Quali problemi può incontrare una
donna che lavora?

Espressioni con il congiuntivo

Osserva:

Il fatto che le donne **lavorino** ha
cambiato la vita tradizionale degli italiani.

L'espressione *il fatto che* vuole sempre
il congiuntivo.
Il congiuntivo si usa anche in molte
altre espressioni, come ad esempio:
• *bisogna che,*
• *è importante che,*
• *è utile che,*
• *è necessario che.*

hanno pensioni minime, che devono integrare facendo qualche lavoretto.

E poi c'è il grande lavoro dei nonni: portano a scuola i nipotini e vanno a prenderli, visto che le madri lavorano; fanno i baby-sitter fino a quando i genitori non tornano dal lavoro; aiutano amici, fratelli, sorelle anziane che hanno qualche problema ma che ancora non hanno bisogno di una "badante" *cfr.* **scheda 16**.

Negli ultimi anni molte persone raggiungono i 60-65 in eccellenti condizioni di salute e di attenzione mentale, per cui sta nascendo una grande quantità di strutture per gli anziani, che **costituiscono** un mercato non molto ricco ma sicuro, in quanto la pensione dà una certa stabilità economica: nascono quindi le "università della terza età", dove gli anziani si fanno una cultura, imparano le lingue, scoprono come usare il computer; si offrono sempre più viaggi pensati per anziani, molte stazioni turistiche si specializzano per **accogliere** i pensionati, soprattutto nelle stagioni meno turistiche.

C'è tutto un settore dell'editoria che si rivolge a chi ha ore libere: corsi di **ricamo**, guide alla costruzione di modellini di navi, raccolta di francobolli, e così via.

Non tutte le **pensionate** italiane si danno allo sport attivo, come quelle nella foto qui a sinistra; e neppure sono molti gli italiani che continuano a lavorare a 85 anni, come Enzo Biagi, uno dei maggiori giornalisti italiani, che vedi qui sotto. Molti sono gli anziani che hanno, invece, il problema di come passare il tempo - per cui finiscono per trascorrere ore nelle sale Bingo, come quella della pagina a fronte, oppure nei bar, nelle osterie, in parrocchia, nei pochissimi parchi delle città italiane.

Ma il fatto che vadano in pensione non significa che gli anziani possano starsene tranquilli e riposarsi: da un lato, molte donne anziane hanno passato tutta la vita a fare le casalinghe, quindi

Ma non sappiamo fino a quando queste informazioni che stai leggendo resteranno valide: la crisi economica sta cambiando le regole della pensione in tutt'Europa, per cui è probabile che negli anni futuri il riposo degli anziani inizierà molto più tardi che adesso... ma questo lo scoprirai di persona venendo in Italia!

- **pensionato:** persona che non lavora più perché è anziana, e riceve ogni mese una somma di denaro, che si chiama pensione
- **costituire:** essere, rappresentare
- **accogliere:** ospitare, offrire assistenza e aiuto
- **ricamo:** lavoro fatto con l'ago su un tessuto per renderlo più bello

L'Italia degli anziani
(La vita quotidiana)

PRIMO CONTATTO

1. **Osserva! Descrivi le foto a pag. 40 e prova a immaginare quali saranno i temi di cui si parlerà nella scheda. Confronta le tue ipotesi con quelle dei compagni.**

2. **Cerca nel testo! Segna con una X gli argomenti di cui si parla nel testo.**

☐ disoccupazione   ☐ istruzione per anziani
☐ malattie   ☐ sport per anziani
☐ passatempi   ☐ nonni

3. **Cerca nel testo! Leggi nuovamente il brano e trova la domanda giusta per queste risposte.**

a. _____ ?
Nelle sale Bingo, in parrocchia, al bar.

b. _____ ?
Di solito aiutano i figli che lavorano, prendendosi cura dei nipoti.

c. _____ ?
Si può studiare, imparare a usare il computer, imparare le lingue...

d. _____ ?
In edicola.

OLTRE IL TESTO

4. **Discutiamo! Confronta la situazione degli anziani in Italia con quella del tuo paese. Ci sono delle differenze? Parlane con i compagni e l'insegnante.**

5. **Immagina! Come sarà la tua vita quando anche tu andrai in pensione? Pensa a quello che ti piacerebbe fare e a come useresti il tuo tempo, e completa la tabella. Racconta poi ai compagni come immagini il tuo futuro.**

sport	
hobby	
attività culturali	
altro	

Per cui

Per cui è una congiunzione coordinante *cfr.* **scheda 05** che esprime la causa, il motivo di un fatto o un'azione. *Per cui* ha lo stesso significato di *perciò, quindi, per questo motivo, pertanto.*

Esempi:
Molti anziani hanno molto tempo libero, **per cui** *aiutano i figli prendendosi cura dei nipoti.*
Molti anziani non sanno come occupare il tempo, **per cui** *vanno al bar o nelle sale Bingo.*

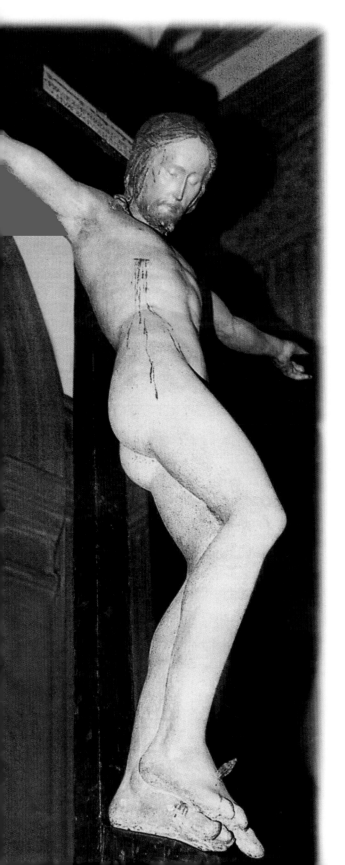

Il fatto che in questa scheda ci siano due foto è significativo: fino a vent'anni fa ci sarebbe stato solo questo splendido crocifisso di legno; oggi, se vai a Roma puoi vedere la splendida moschea disegnata da Portoghesi (vedi foto a pag. 43) , e altre moschee - meno belle, spesso molto umili - si trovano ormai in ogni città. E accanto alle chiese cattoliche, alle sinagoghe alle moschee stanno nascendo in ogni città chiese ortodosse...

Questo è dovuto al fatto che l'Italia ha due milioni di immigrati, quasi tutti provenienti da paesi non cattolici.

Tradizionalmente l'Italia è definita un paese cattolico. Ma, anche senza considerare la presenza di nuove comunità di altre religioni, la frase non è più vera. Circa un terzo della popolazione si definisce non credente; meno del 30% degli italiani frequenta le chiese cattoliche; la convivenza sta sempre più spesso anticipando o sostituendo il matrimonio anche se la Chiesa la **condanna** *cfr.* **scheda 06** ; negli anni Settanta e Ottanta due referendum proposti dai cattolici sul divorzio e l'aborto sono stati **respinti** dalla grande maggioranza di una popolazione che continua a vedere la Chiesa come ispirazione di buoni sentimenti ma che non ne accetta più la morale, che vuole tenere distinta la sfera religiosa da quella della vita civile.

Nei primi anni del Duemila, un po' come è successo in tutto il mondo, la religione è diventata più presente nella gestione dello Stato, della scuola, delle politiche per la famiglia - ma non si tratta di un aumento della religiosità: si tratta di un maggior impegno sociale e politico dei credenti.

In generale, la società italiana rimane fortemente **laica** e secolarizzata, convinta che la sfera religiosa sia un fatto privato e personale; si riconosce nella tradizione cristiana, ma non segue le indicazioni della Chiesa di oggi.

Uno dei segni più chiari di questa tendenza si vede nelle feste religiose che oggi sono feste di consumismo e di tradizione familiare più che di sentimento religioso *cfr.* **scheda 04** .

* condannare: dare un giudizio molto negativo
* respingere: non accettare, rifiutare
* laico: non religioso

Religione e religioni
(La vita quotidiana)

PRIMO CONTATTO

1. **Pensaci! Nel tuo paese esiste una religione di stato? Quali sono le religioni più diffuse nel tuo paese?**

2. **Cerca nel testo! Leggi velocemente il testo e trova 5 parole o espressioni che riassumono il contenuto. Poi chiedi ai tuoi compagni quali parole hanno scelto loro e perché.**

3. **Gioca con il testo! ! Rileggi con attenzione il brano. Ora fai una partita a TRIS con un compagno! Per guadagnare ogni casella devi rispondere correttamente alla domanda. Vince chi guadagna tre caselle consecutive in orizzontale, in verticale o in diagonale.**

Perché oggi in Italia si trovano anche moschee e chiese ortodosse?	*Quanti immigrati ci sono in Italia?*	*I paesi da cui provengono gli immigrati sono cattolici?*
Come vivono molti italiani le feste religiose?	*Cosa sta succedendo in Italia dai primi anni del Duemila?*	*Quanti italiani frequentano le chiese cattoliche?*
Quanti italiani si definiscono credenti?	*Cosa significa il fatto che la società italiana sia laica?*	*Cosa è successo negli anni '70 e '80?*

OLTRE IL TESTO

4. **Prendi carta e penna! Pensa alle tradizioni del tuo paese. Ci sono feste nazionali o tradizioni particolari che hanno un'origine religiosa? Fai una breve descrizione di una tradizione del tuo paese e poi raccontala ai tuoi compagni**

5. **Per saperne di più... Fai una ricerca sul web per trovare altre notizie sul rapporto tra gli italiani e la religione. Per esempio, cerca informazioni su:**
a. la percentuale degli italiani che si dichiarano cattolici
b. le altre religioni presenti in Italia
c. il rapporto della Chiesa Cattolica con le altre religioni presenti in Italia.
Organizza poi le informazioni raccolte in modo coerente, aggiungendo i tuoi commenti, e presentale alla classe.

Il presente progressivo

La forma progressiva del presente in italiano si costruisce con il verbo *stare* + il Gerundio del verbo che descrive l'azione. Questa forma si usa per descrivere un'azione mentre si sta svolgendo (in questo momento o in questo periodo).

Esempi:
Non mi disturbare! Non lo vedi che sto studiando?
Sono molto stanco... Sto lavorando molto in questi giorni.

ATTENZIONE! mangi**are** > mangi**ando**; ved**ere** > ved**endo**; dorm**ire** > dorm**endo**.

Gli oggetti della vita quotidiana

Nella pagina accanto trovi sia oggetti della vita quotidiana - una pompa di benzina, una caffettiera- sia del design italiano, quel "made in Italy" che rappresenta una delle ragioni per cui l'Italia viene considerata il paese dello stile raffinato.

Questo percorso ti porterà, attraverso dieci schede che vedi elencate qui accanto, dentro la vita quotidiana degli italiani, dentro le loro case, le loro automobili. Scoprirai che l'Italia non è solo Armani e Maserati - e se vieni in Italia vedrai che anche qui, come in ogni parte del mondo, le persone poco curate e le automobili anonime sono in numero maggiore di quelle eleganti. Tuttavia, è un dato di fatto che la quantità di persone che curano lo stile di vita è comunque molto alto, e che non riguarda solo le classi alte e colte: ci sono molte persone assolutamente normali che scelgono una macchina anche per ragioni di gusto, che curano l'arredamento di casa loro con attenzione, che pur senza essere ricchi cercano di vestirsi in maniera elegante!

- **testata**: la parte alta della prima pagina di un giornale, dove trovi il titolo
- **consultare**: leggere
- **autorevole**: influente, potente
- **legame**: connessione, collegamento
- **inserto**: foglio o libretto che trovi dentro un giornale

Le tre foto riproducono le **testate** dei tre giornali quotidiani più venduti in Italia - e non stupirti se tra questi c'è la *Gazzetta dello Sport*, un quotidiano sportivo (ma ce ne sono anche altri): gli italiani sono "malati" di tifo sportivo per il calcio *cfr.* **schede 8/9** e per i motori *cfr.* **scheda 10**, per cui sono disposti a comprare un quotidiano su questi temi. Gli altri due giornali che vedi sono i più diffusi ed hanno una versione in internet: www.corriere.it e www.repubblica.it, che puoi **consultare** anche tu per tenerti informato sulla società italiana e per migliorare la tua padronanza dell'italiano.

Il *Corriere della sera* è il più diffuso e **autorevole** quotidiano italiano: riflette le idee della borghesia e cerca di essere "terzista", cioè di essere "terzo", indipendente nel giudizio, rispetto sia alla destra che alla sinistra, anche se l'atteggiamento riformista prevale su quello conservatore. Indro Montanelli (vedi foto nella pagina a destra), morto nel 2003, è stato per decenni il simbolo del giornalismo libero del "Corrierone", come spesso viene chiamato.
La repubblica è un giornale "giovane", fondato nel 1976 dalla sinistra riformista che voleva chiudere ogni **legame** con l'Unione Sovietica ed aprirsi ai principi liberali delle socialdemocrazie europee. Come il *Corriere*, dedica molto spazio all'analisi sociale ed alla cultura. Ci sono alcuni giornali meno diffusi ma che trovi comunque in tutta Italia, come ad esempio *Il giornale*, di destra, *Il manifesto*, di sinistra estrema, *La stampa* di Torino che comunque non hanno i livelli di vendita dei due classici giornali italiani.

E poi ci sono decine e decine di giornali regionali, da *Il messaggero* di Roma al *Gazzettino* del Veneto, dalla *Nazione* di Firenze al *Corriere del Mezzogiorno*, alla *Nuova Sardegna*, ecc.: sono classici giornali locali in cui le pagine nazionali e internazionali sono poche, e in gran parte fatte con testi presi dalle agenzie di stampa, mentre la grande attenzione è concentrata sulle notizie regionali e cittadine. Questi giornali locali sono in crescente difficoltà da quando *Corriere* e *Repubblica* hanno incominciato ad avere **inserti** locali.
La stampa italiana offre al cittadino una scelta ampia ed è sostanzialmente molto libera ed indipendente.

I giornali del mattino

(Gli oggetti della vita quotidiana)

PRIMO CONTATTO

1. Osserva! Nella pagina a fianco trovi tre famosi giornali italiani: li conosci? Osserva la struttura delle pagine (titoli, immagini, testi, colore). Anche nel tuo paese i giornali hanno questa struttura? Descrivi ai tuoi compagni com'è fatto un giornale tipico del tuo paese.

2. Cerca nel testo! Leggi queste informazioni riguardanti i tre principali giornali italiani e inseriscile nella tabella.

Indro Montanelli, il più grande giornalista italiano di sempre.

* Si occupa di sport;
* ha circa trent'anni;
* ha un sito internet;
* non è legato né alla destra né alla sinistra;

* è di sinistra;
* il suo giornalista più famoso è Montanelli;
* è di destra;
* esprime le idee borghesi;

* esce ogni giorno;
* ha molte pagine sulla cultura;
* è conservatore;
* è il più diffuso;

CORRIERE DELLA SERA	LA REPUBBLICA	LA GAZZETTA DELLO SPORT

OLTRE IL TESTO

3. Gioca con le parole! Risolvi gli anagrammi.

a. Negozio di giornali   ALIDECO   _____

b. Giornale periodico   VIRASTI   _____

c. Giornale che esce ogni 7 giorni   LATTEMISANE   _____

d. Giornale che esce ogni 15 giorni   NELACIDIQUNI   _____

e. Giornale che esce ogni mese   SEMENIL   _____

f. Giornale che esce ogni due mesi   LIMBETRESA   _____

4. Discutiamo! In Italia molti giornali sono legati ad una parte politica. Anche nel tuo paese è così? Secondo te è giusto? Quali sono i vantaggi e gli svantaggi per chi legge questi giornali?

I pronomi dimostrativi

Osserva:
Nel Corriere della Sera l'atteggiamento riformista prevale su **quello** conservatore.

In questo esempio, per non ripetere la parola maschile "atteggiamento", si è usato un pronome dimostrativo quello, nel genere e numero corrispondenti, ossia maschile singolare.

Ecco altri esempi:
* tra le fonti di informazione, quella più diffusa è la televisione.
* tra i giornali, preferisco quelli di piccolo formato

I ragazzini e i giovani italiani amano moltissimo il fumetto *cfr.* **scheda 05** ▸ - ed in effetti esiste in Italia una grande tradizione di fumetto di qualità. Qui sotto vedi il più anziano degli eroi di carta che puoi trovare tra le mani degli italiani da oltre mezzo secolo: Tex Willer, il cow boy onesto e senza paura, amico degli indiani, nemico dei **traditori** e dei **bugiardi**, anche se sono bianchi e indossano la **divisa**. Proprio per questa sua assoluta **dedizione** al bene è un mito per gli amanti del western tradizionale, dopo che negli ultimi trent'anni i film ci hanno mostrato cowboy traditori, crudeli e malvagi. Tex è tradotto in moltissime lingue e con molta probabilità puoi trovarlo anche nel tuo Paese.

Nella pagina a fronte trovi un altro eroe mitico del fumetto italiano, forse quello più conosciuto nel mondo, Corto Maltese. E' il bel **tenebroso** romantico che ha avventure incredibili in paesi esotici, lontani, vive amori drammatici ed impossibili, ha un passato non del tutto chiaro ed un futuro incerto: è l'opposto di Tex! Corto Maltese, disegnato dal veneziano Hugo Pratt (morto nel 2003), ha un'altra caratteristica: a differenza di Tex e di Dylan Dog, su cui torneremo sotto, è disegnato in maniera artistica: molti lo comprano non solo per le storie ma soprattutto per la qualità della grafica. Lo stesso dicasi per i fumetti di altri grandi disegnatori italiani, come Milo Manara e Guido Crepax, i cui fumetti, che esaltano molto il corpo femminile, sono diffusi in tutto il mondo.
Se torni alla scheda 5 trovi la copertina di un altro fumetto diffusissimo in Italia, *Dylan Dog*, in cui il disegno non è particolarmente importante, mentre lo è molto l'ironia britannica dei testi.
Dylan è un "indagatore dell'inconscio" o "dell'incubo", sempre alle prese con vicende paranormali, misteriose, magiche - spesso decisamente surreali.

Come nel mondo della canzone, spesso considerata un sottogenere popolare, troviamo in Italia la canzone d'autore *cfr.* **scheda 07** ▸, così anche in un genere popolare come il fumetto è nata in Italia la scuola dei fumetti d'autore, che soprattutto in *Corto Maltese* raggiunge grande qualità artistica.

- **traditore**: chi inganna o delude persone che si fidano di lui
- **bugiardo:** chi non dice la verità
- **divisa:** uniforme, vestito ufficiale
- **dedizione:** devozione, amore
- **tenebroso:** misterioso

I fumetti

(Gli oggetti della vita quotidiana)

PRIMO CONTATTO

1. Fatti un'idea! Fai un'intervista ai tuoi compagni e scopri quanti di loro leggono fumetti e che tipo di fumetti sono.

2. Cerca nel testo! Tex Willer e Corto Maltese sono due personaggi dei fumetti con caratteristiche opposte. Dopo aver letto velocemente la scheda, trova 5 aggettivi per descrivere ciascun personaggio. Poi chiedi ai tuoi compagni quali parole hanno scelto loro e perché.

3. Cerca nel testo! Rileggi il testo e spiega oralmente:

a. che cos'è il fumetto d'autore (fai anche qualche esempio);
b. quali sono le sue caratteristiche.
c. chi è Dylan Dog e di che genere di avventure è protagonista;
d. quali sono i fumetti italiani famosi anche all'estero.

OLTRE IL TESTO

4. Discutiamo! Secondo te il fumetto è una forma di letteratura? Completa le frasi con la tua opinione e discutine con i compagni.

Penso che il fumetto si possa/non si possa considerare una forma di letteratura perché:

1) _____
2) _____
3) _____

Inoltre, secondo me _____

5. Racconta! Costruisci un questionario per sapere più dettagliatamente che tipo di fumetti leggono i tuoi compagni e poi intervistane alcuni. Racconta poi al resto della classe le risposte che hai ricevuto. Ecco alcuni suggerimenti per le domande:

a. Quanto ti piace leggere i fumetti?
    ☐ moltissimo   ☐ abbastanza
    ☐ poco   ☐ per niente
b. Se sei un lettore di fumetti, quali sono i tuoi generi preferiti?
    ☐ azione/avventura   ☐ gialli e polizieschi
    ☐ fantascienza   ☐ fantasia
    ☐ horror   ☐ altro _____
c. Descrivi il tuo personaggio dei fumetti preferito.
d. Nel tuo paese quali sono i fumetti più diffusi e a quale genere appartengono?
e. Nel tuo paese chi sono i principali lettori di fumetti? Esiste il fumetto autore anche nel tuo paese?

La forma DICASI

Osserva:
*Lo stesso **dicasi** per gli altri fumetti.*

La forma "dicasi" significa "si dice", "si può dire".
È una forma ancora in uso
• "cercasi" = "si cerca"
• "affittansi" = "si affittano"
e deriva dall'italiano antico, che non permetteva di mettere prima del verbo la particella pronominale o avverbiale (in questo caso SI).

Radio Dimensione Suono, Radio 101, Radio Capital: qui trovi i tre loghi di questi importanti network privati; ma poi ci sono anche Radio1 e Radio2, e la radio di sole notizie Radio24: hanno molti più ascoltatori della televisione, e non solo perché la radio la si ascolta in macchina, in cucina, in giardino, in cuffia, ma soprattutto perché esiste uno stile nuovo nella radio italiana che ha attratto soprattutto i ragazzi e i giovani. Molti programmi **propongono** una originale mescolanza di notizie, commento, dibattito, satira e musica, con un ritmo molto **sostenuto**.

Le interviste sono brevi, spesso poche battute, e sono telefoniche: mentre in televisione è difficile avere un politico, uno sportivo, un giornalista, un opinionista a disposizione, perché deve andare fino allo studio a Milano o a Roma, una breve intervista telefonica di poche battute per la radio l'accettano tutti. E se c'è un ministro o un intellettuale o un giornalista in una **trasmissione televisiva**, resta lì due ore, quindi non c'è varietà: mentre per radio tra una canzone e l'altra si possono fare tante interviste brevissime e ascoltare quindi tante opinioni e competenze differenti.

E poi c'è la satira: al mattino, ad esempio, molte radio propongono la lettura dei titoli dei giornali accompagnandoli con battute satiriche e poi via una canzone, una telefonata di commento, una notizia appena arrivata...

Puoi ascoltare Radio1 e Radio2 in internet: fallo, perché ti tiene aggiornato sulla cultura italiana e ti dà molta lingua viva!

Poi c'è ovviamente, nel salotto di ogni casa, la televisione.

Fino a pochi anni fa c'erano due gruppi televisivi: i tre canali pubblici della RAI e i tre privati di Mediaset di Berlusconi; negli ultimi anni si sta imponendo un'altra rete, La Sette, che offre modelli più sofisticati di intrattenimento e notiziari.

Ma oggi tutte queste televisioni "generaliste" sono in crisi a seguito del diffondersi delle reti satellitari, soprattutto Sky, che offrono decine e decine di canali tematici.

I giovani guardano molto poco la televisione, al massimo danno un'occhiata al telegiornale (nella pagina di fronte trovi il setting del principale telegiornale italiano, quello di RaiUno) e qualche partita; usano piuttosto il televisore per vedere film un DVD insieme agli amici.

* **proporre**: offrire
* **sostenuto**: veloce, rapido
* **trasmissione televisiva**: parola che indica qualsiasi programma televisivo

La radio batte la Tv

(Gli oggetti della vita quotidiana)

PRIMO CONTATTO

1. **Pensaci!** **Leggi il titolo di questa scheda: perché secondo te in Italia la radio vince sulla Tv? Confrontati con i compagni e fate delle ipotesi.**

2. **Cerca nel testo!** **Ora che hai letto la scheda, le tue ipotesi sono state confermate?**

3. **Cerca nel testo!** **Leggi nuovamente la scheda e forma delle frasi collegando le parti della colonna A con quelle della colonna B.**

A	B
1. La radio italiana	a. si possono ascoltare anche in internet.
2. La maggior parte delle interviste radiofoniche	b. si stanno diffondendo le reti satellitari.
3. Radio1 e Radio2	c. è guardata poco dai giovani.
4. Molti programmi radiofonici	d. è molto ascoltata dai giovani.
5. Le reti "generaliste" sono in crisi perché	e. sono satirici.
6. La televisione	f. si svolge al telefono.

OLTRE IL TESTO

4. **Immagina!** **Sei il direttore di una rete televisiva famosa e hai deciso di fare qualcosa per migliorare il servizio televisivo. Pensa a quali potrebbero essere i programmi di una giornata tipica della tua rete e fai una breve descrizione orale di ciascuno.**

5. **Discutiamo!** **La Tv è un mezzo di comunicazione importante ma molto criticato. Quali sono secondo te i suoi aspetti positivi e negativi? Discutine con i compagni.**

LA TELEVISIONE	
ASPETTI POSITIVI	ASPETTI NEGATIVI
1) _____	1) _____
2) _____	2) _____
3) _____	3) _____

Il plurale delle parole straniere

Osserva:
RDS e Radio 101 sono due importanti **network** privati.

In Italiano le parole straniere generalmente sono invariabili, cioè non hanno il plurale. Questo vale quindi anche per tutte le parole inglesi.

Ad esempio:
• Ieri al bar abbiamo ordinato due **toast**, due **hamburger** e tre **hot dog**.
• Ultimamente guardo poco la tv. Ci sono troppi **reality show** e pochi **film**.

Il più celebre di tutti i motorini italiani è la Vespa, fotografata qui accanto: è il classico scooter che si guida stando comodamente seduti, che dagli anni Cinquanta non ha mutato stile e che rappresenta un mito in molte parti del mondo. Ma nella foto in basso puoi notare quanti tipi di motorino ci siano in una strada italiana.

Per gli stranieri, la presenza intensa di motorini che **sbucano** da ogni parte nelle città italiane è spesso **sconvolgente**, Il motorino è il tipico mezzo di trasporto dei giovani perché li porta dappertutto, costa poco, consuma meno - ma purtroppo inquina molto se non è ben tenuto, e ci sono delle leggi sempre più severe sulla manutenzione.

Nella pagina a fronte vedi la foto di un corridore di motocicletta con il numero 46: qualunque giovane (e non solo) italiano conosce quel numero, che da anni sale sul podio dei Gran Premi di motociclismo: è lo sportivo-divo per eccellenza, il più pagato come testimonial pubblicitario, il più ironico, pazzerellone, l'idolo delle adolescenti - Valentino Rossi!

Anche per merito suo, nonché di campioni come Capirossi, Biaggi e Melandri *cfr.* **scheda 10** la moto sta diffondendosi in Italia in maniera fortissima - anche se una moto costa spesso come un'automobile e consuma **altrettanto**.

Raramente trovi una moto in città e quasi nessuno la usa per andare al lavoro: la moto è per il tempo libero, per il weekend, per girare sulle colline che costituiscono gran parte del territorio italiano.

Le città italiane hanno quasi tutte un centro medievale, con strade strette, spesso in salita, in cui passare in macchina è impossibile - e nelle zone più moderne il traffico è spesso molto intenso, perché ci sono poche metropolitane: quindi il motorino è fondamentale, anche perché si può cominciare ad usarlo a 14 anni... e oltretutto in Italia piove poco e quindi a girare in motorino non si rischia di prendersi un **acquazzone**!

- **acquazzone**: pioggia violenta e breve
- **sbucare**: apparire d'improvviso
- **sconvolgente**: che provoca shock
- **altrettanto**: allo stesso modo

Moto e motorini

(Gli oggetti della vita quotidiana)

PRIMO CONTATTO

1. Gioca con le parole! In questa scheda si parlerà dei mezzi di trasporto dei giovani italiani. Completa il cruciverba per sapere qual è il motorino più famoso d'Italia!

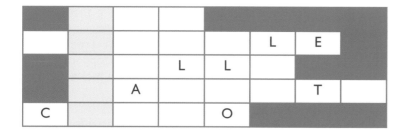

a. Strada stretta.

b.  Questo è un .... stradale.
c. La parte del motorino dove ti siedi.
d. Documento necessario per guidare la macchina.
e. Si mette in testa quando si usa il motorino.

SOLUZIONE: ....

2. Cerca nel testo! Dopo aver letto una prima volta il testo, decidi se queste affermazioni sono VERE o FALSE o NON NEL TESTO.

a. Il motorino è diffuso perché in Italia ci sono pochi parcheggi per auto. Ⓥ Ⓕ Ⓝ
b. Molti giovani italiani sono appassionati di moto. Ⓥ Ⓕ Ⓝ
c. Per guidare il motorino è necessaria la patente. Ⓥ Ⓕ Ⓝ
d. La Vespa nasce dopo la seconda guerra mondiale. Ⓥ Ⓕ Ⓝ
e. I motorini non sono molto veloci. Ⓥ Ⓕ Ⓝ

OLTRE IL TESTO

3. Pensaci! Leggi questi dati di una ricerca sul rapporto tra giovani e motori (Censis-Le Monnier, 2003) e commenta insieme ai compagni:

Il 57,1% dei giovani usa il motorino.
Il 33,2% ha avuto almeno un incidente (il 37,7% al Sud).
Il 70,7% degli incidenti in motorino ha provocato lesioni.
l'8% non usa mai il casco (il 22,3% al Sud).
il 23,5% usa il casco solo per paura delle multe.
il 59,6% viaggia in due sul motorino (l'83,5% al Sud).
Il 21% sogna un'automobile potente e veloce (il 30,4% tra i maschi) vs il 35,2% che desidera un'automobile sicura.

a. Che impressione hai leggendo questi dati?
b. Nel tuo paese la situazione è diversa?
c. Quali possono essere le cause della situazione italiana?
d. Cosa si potrebbe fare per cambiarla?

Forme riflessive particolari

Osserva:
*Oggi il tempo è brutto e rischio di **prendermi** un acquazzone.*

"Prendere" non è un verbo riflessivo. Nella lingua quotidiana però possiamo usare un verbo alla forma riflessiva per comunicare la nostra partecipazione attiva all'azione, e raccontare qualcosa di personale.
Ad esempio:
*Adesso **mi mangio** un buon panino e **mi fumo** una bella sigaretta!*

Qui accanto trovi l'automobile mito della Fiat, la Cinquecento degli anni Sessanta: fu la prima city car, una scatolina dove in qualche modo si saliva anche in quattro, con il motore dietro e il **bagagliaio** davanti. Oggi una macchina così non la penserebbe nessuno: era al di sotto di ogni ragionevole standard di sicurezza, era lenta, piccola - ma tutti i ragazzi la vorrebbero e alcuni riescono a trovarne delle vecchie, le **aggiustano** e fa più effetto presentarsi al bar con la Cinquecento che con una grossa macchina normale (a meno che non sia una Maserati o una Ferrari, naturalmente!).

Le strade italiane sono spesso strette e **tortuose**: seguono antichi confini, non possono essere allargate perché ci sono case dappertutto; le città italiane hanno centri storici medievali con strade strette e tortuose; la distanza tra le **cittadine** italiane **di rado** supera i dieci chilometri, e tra le città capoluogo di provincia è intorno ai trenta chilometri: queste sono le tre ragioni che spiegano perché la macchina utilitaria, oggi detta city car, è stata inventata in Italia ed è ancora il modello dominante - anche se le macchine italiane utilitarie oggi sono gioielli di tecnologia come la Panda (qui sotto), la Punto, oppure piccole automobili come la Smart e molte city car giapponesi.

Le strade locali, dicevamo, sono spesso **intasate** e non si riesce certo a raggiungere i 90 Km/H, la velocità massima consentita. Le autostrade invece sono diverse l'una dall'altra: alcune autostrade sono intasate ogni giorno a ogni ora (ad esempio la Torino-Trieste, la Milano-Rimini, le autostrade intorno a Napoli), ma altre autostrade sono abbastanza libere, tranne durante i grandi movimenti per le vacanze: l'Italia è la spiaggia d'Europa, quindi a Pasqua e d'estate le autostrade che vengono dalla Germania, dalla Svizzera e dalla Francia sono dei pazzeschi e lenti serpenti di macchine.
Nella foto piccola a pagina 55 vedi una conseguenza del traffico internazionale in Italia: a differenza di molti paesi, i segnali autostradali italiani sono spesso scritti nelle principali lingue europee.

- **bagagliaio**: parte dell'automobile dove metti borse e valigie
- **aggiustare**: riparare, sistemare
- **tortuoso**: con molte curve
- **cittadina**: piccola città
- **di rado**: raramente
- **intasato**: bloccato a causa del traffico eccessivo

L'auto di tutti i giorni
(Gli oggetti della vita quotidiana)

PRIMO CONTATTO

I. Osserva! Nelle due foto a pag. 54 ci sono un'auto italiana degli anni '60 e una dei giorni nostri. Confronta le due immagini: quali cambiamenti noti? Ci sono elementi rimasti uguali?

2. Cerca nel testo! Qui sotto c'è un breve riassunto del testo che hai appena letto. Ci sono 5 errori di contenuto. Trovali e correggili.

La prima macchina da corsa italiana è stata la Cinquecento, un'automobile piccola e piuttosto lenta, che come auto le moderne aveva il motore dietro e il portabagagli davanti.
In Italia sono molto diffuse le macchine utilitarie perché sono perfette per viaggiare nelle strade ampie, tipicamente italiane, e per percorrere brevi distanze. Proprio perché sono così ampie, le strade italiane spesso sono intasate dal traffico, che colpisce anche alcune autostrade importanti.
L'inquinamento è un problema molto sentito in Italia, e dovuto anche al turismo internazionale.

3. Cerca nel testo! Qui sotto trovi alcune definizioni. Cerca nel testo le parole a cui si riferiscono le definizioni.

a. immagine amplificata e leggendaria che si crea attorno a un personaggio o a un fenomeno sociale

_____

b. meccanismo o motore costruito e funzionante in modo perfetto

_____

c. in ogni luogo

_____

d. incredibile ed eccessivo

_____

OLTRE IL TESTO

4. Immagina! Due grandi problemi in Italia sono il traffico e di conseguenza l'inquinamento nelle città. Pensa ai pro e ai contro di una città con meno automobili e immagina alcune soluzioni per ridurre l'inquinamento.

5. Per saperne di più... Fai una ricerca sul web per sapere:
a. quali sono i mezzi di trasporto più usati dagli italiani per viaggiare
b. quali sono i mezzi trasporto più comodi e sicuri e quali invece quelli che creano più disagi. Presenta le informazioni raccolte alla classe, confrontando la situazione in Italia con quella nel tuo paese.

Il NE partitivo

Osserva:
*Tutti i ragazzi vorrebbero una Cinquecento e c'è chi riesce a trova**ne** alcune.*

Quando dopo il verbo è specificata una quantità di qualcosa in maniera precisa (un litro, due chili) o in maniera imprecisa (un po', molto, alcuni) dobbiamo usare NE per evitare di ripetere la specificazione, nel nostro caso *Cinquecento*.

L'Italia è un paese in cui non si possono allargare le strade e costruirne di nuove è praticamente impossibile perché manca lo spazio *cfr.* **scheda 23** ; soprattutto in Pianura Padana ci sono case dappertutto, e la Penisola è montuosa: sarebbe stato logico costruire una rete ferroviaria di alto livello. Invece la politica italiana nel secolo scorso ha privilegiato le automobili ed i camion sul treno, per cui l'Italia ha una rete ferroviaria scarsa e scadente.

Molte regioni del sud hanno pochissime ferrovie, molto spesso a **binario** unico e non elettrificate, dove viaggiano soprattutto i lenti treni locali e i pochi treni veloci non possono tenere una velocità significativa, date le curve e l'impostazione spesso ottocentesca delle ferrovie.
Le uniche linee di buon livello sono la Torino-Trieste, che attraversa orizzontalmente il Nord, e le due linee Nord-Sud, che da Milano e Venezia giungono a Bologna per poi dividersi lungo l'Adriatico fino a Bari e lungo il Tirreno per Firenze, Roma e Napoli; da Napoli in giù la ferrovia è insufficiente, e lo stesso vale per le due isole maggiori.
Si stanno costruendo reti ad alta velocità, ma fino al 2010 non ci sarà una vera rete di questo tipo, che **consentirà** di separare il traffico ferroviario: i treni superveloci su linee speciali, per passeggeri, e le linee tradizionali per il traffico locale e per il traffico merci, che oggi si alterna sulle stesse linee con treni veloci e regionali.

Se la rete ferroviaria è ancora molto **arretrata** o di vecchia progettazione, totalmente diverso è il discorso che riguarda i treni - almeno quelli veloci.
Anche se in Italia non ci sono ancora molte ferrovie ad alta velocità, l'industria italiana produce treni superveloci, usati sia in Italia sia in molti altri paesi, che li acquistano per la buona qualità tecnologica (l'industria meccanica italiana non ha nulla da invidiare alla ben più famosa meccanica tedesca), ma anche per l'eccellenza del design. I due treni che vedi in questa pagina sono il *Pendolino*, adatto a mantenere alte velocità anche in ferrovie con molte curve, e l'*Eurostar*, che assomiglia ad un vero serpente di acciaio. Nella pagina a fronte vedi l'interno di seconda classe di un *Eurostar*.
Purtroppo solo in alcuni percorsi questi gioielli tecnologici possono superare i 300 Km/h, ma la situazione sta cambiando, e tra qualche anno usare l'aereo avrà sempre meno senso, perché Milano-Roma in meno di 4 ore, comodamente seduti, senza le code degli aeroporti, rende il treno di certo preferibile rispetto all'aereo.

• **binario:** rotaie su cui si muove il treno
• **consentire:** permettere
• **arretrato:** non sviluppato

Per le distanze più lunghe
(Gli oggetti della vita quotidiana)

PRIMO CONTATTO

1. **Usa la memoria!** Nelle schede precedenti (vedi
schede 22 e 23) abbiamo parlato di trasporti. Completa
lo schema con i tipi di trasporto che abbiamo già visto
e con altri che conosci.

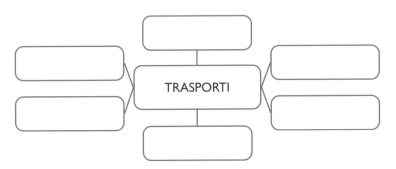

TRASPORTI

2. **Fatti un'idea!** Leggi velocemente il testo e segna con una crocetta gli argomenti di cui parla.

☐ costo dei viaggi in treno   ☐ tipologie di treni   ☐ difficoltà economiche
☐ crisi del sistema ferroviario   ☐ linee ferroviarie europee   ☐ design ferroviario

3. **Cerca nel testo!** Leggi di nuovo il testo e scegli le espressioni corrette per completare le frasi.

a. La rete ferroviaria italiana è di ☐ alta ☐ discreta ☐ bassa qualità.
b. I treni veloci percorrono le ferrovie del sud ☐ spesso ☐ raramente ☐ a giorni alterni.
c. Le migliori linee ferroviarie italiane sono ☐ meno di 2 ☐ 2 ☐ più di 2.
d. I treni ad alta velocità viaggeranno su linee ☐ uguali a ☐ diverse da ☐ più lunghe di quelle tradizionali.
e. I treni ad alta velocità sono acquistati anche all'estero perché
    ☐ costano poco ☐ sono ecnologicamente ☐ avanzati ☐ hanno più comfort

OLTRE IL TESTO

4. **Racconta!** Quali sono i vantaggi e gli svantaggi del
trasporto ferroviario in Italia e nel tuo paese?
Completa la tabella e discutine con i compagni.

	IN ITALIA	NEL MIO PAESE
Vantaggi		
Svantaggi		

L'aggettivo BUONO

Osserva:
*I treni italiani sono di **buon** livello.*

L'aggettivo "buono", quando si trova
prima della parola a cui si riferisce, si
comporta come l'articolo
indeterminativo UN, UNO, UNA.
In italiano, diciamo dunque:
• *un buon pasto,*
• *una buona pizza,*
• *un buono strudel.*

Avremmo potuto riempire queste due pagine solo di foto: gli stilisti italiani sono considerati tra i più bravi al mondo nel disegnare automobili da sogno.

Ci siamo limitati a due foto: in questa pagina vedi un'Alfa Romeo, un modello senza nulla di eccezionale (ci sono Alfa molto più **avveniristiche**): puoi vederne parecchie lungo le strade, è un **bolide** che raggiunge rapidamente i 200 Km/h (anche se il limite massimo in autostrada è 130), ed è sofisticato tecnologicamente e... bellissimo.

Nella pagina a fronte trovi un mito degli anni Sessanta, una delle prime dream car italiane, la Miura Lamborghini, ancor oggi cercata dai collezionisti di tutto il mondo.

E' curioso, ma le principali macchine da sogno vengono dall'Emilia: la fabbrica della Maserati, della Ferrari e della Lamborghini sono tutte nella zona di Modena e Bologna e distano pochi chilometri l'una dall'altra, e a Bologna c'è anche la fabbrica delle moto italiane più famose, le Ducati cfr. **scheda 10**.

Il grande **pregio** delle auto da sogno disegnate da italiani è l'estrema **raffinatezza** delle linee: in alcuni musei di arte moderna sono esposte macchine dei maggiori stilisti italiani: tra questi, Pininfarina e Giugiaro (ne puoi vedere i treni a pagina 57), ma anche Bertone, Zagato e altri carrozzieri che spesso producono macchine in pochi esemplari numerati, partendo dalla struttura di altre automobili, spesso Alfa Romeo. L'abilità di questi carrozzieri, come nel caso degli stilisti dell'alta moda, è quella di saper conservare uno stile coerente per ogni marchio (anche se Alfa Romeo, Maserati, Lancia e Ferrari sono tutte Fiat. L'avresti mai immaginato?). Ad esempio, le Alfa sono tutte molto aggressive pur essendo macchine per la famiglia, con cinque posti; le Maserati sono macchine poco **appariscenti**, basate sull'*understatement* così come le Lancia, che sono le macchine di alto livello e rifinitura del Gruppo Fiat; le Ferrari e soprattutto le Lamborghini sono mostri d'acciaio che devono far girare la testa a chi le vede passare per la loro "violenta" bellezza... Malgrado questo, c'è una tradizione di gusto, di armonia, di equilibrio cfr. **schede 27/28** che rende inconfondibili le macchine disegnate da italiani, anche se fabbricate da Volkswagen o dai costruttori giapponesi.

- **avveniristico:** modernissimo
- **bolide:** automobile molto veloce
- **pregio:** qualità
- **raffinatezza:** eleganza, finezza
- **appariscente:** che si nota subito

L'auto dei sogni

(Gli oggetti della vita quotidiana)

PRIMO CONTATTO

1. **Pensaci!** In questa scheda di parlerà di un sogno nel cassetto di molti italiani, cioè di un desiderio difficile da realizzare. Qual è il tuo sogno nel cassetto? Raccontalo ai compagni!

2. **Cerca nel testo!** Leggi queste brevi descrizioni. Di quali auto parlano?

a. E' un'auto per la famiglia, ha un design aggressivo ed è velocissima.
b. Quarant'anni fa era l'auto da sogno per molti italiani.
c. E' prodotta dalla Fiat, colpisce più per l'ottima qualità che per il design.

2. **Cerca nel testo!** Leggi nuovamente il brano e trova la domanda giusta per queste risposte.

e. _____ ?
   Pininfarina e Giugiaro.

f. _____ ?
   In Emilia.

g. _____ ?
   L'armonia e l'equilibrio.

OLTRE IL TESTO

3. **Gioca con le parole!** Guarda la foto in alto. Quali dei seguenti oggetti è possibile vedere? Segnali con una crocetta nella lettera corrispondente. Se non conosci le parole aiutati con un dizionario monolingue.

a. il volante
b. il sedile
c. la ruota
d. lo sportello
e. il motore
f. il finestrino
g. lo specchietto
h. la gomma
i. i freni
j. il cofano
k. il tergicristallo
l. il portabagagli

Esprimere una concessione

Nel testo hai trovato tre modi diversi per esprimere una concessione:

a. *L'abilità di questi carrozzieri è saper conservare uno stile coerente per ogni marchio, **anche se** Alfa Romeo, Maserati e Lancia sono tutte Fiat.*
FRASE ESPLICITA: *anche se* + verbo all'indicativo.

b. *Le Alfa sono aggressive, **pur** essendo macchine per la famiglia.*
FRASE IMPLICITA: *pur* + gerundio.

c. ***Malgrado** questo, c'è una tradizione di gusto ed equilibrio che rende inconfondibili le macchine italiane.*
COMPLEMENTO: preposizione *malgrado* + sostantivo.

Queste tre foto potrebbero apparire in un libro di civiltà francese, tedesca, spagnola, inglese: in ogni paese puoi trovare giovani che indossano il classico **piumino** invernale, jeans maglietta e scarpe da ginnastica per le stagioni più miti, e dappertutto puoi vedere il tipico oversize dei ragazzini che sembrano vestiti con gli abiti dei fratelli maggiori...

E' vero: i giovani italiani sono vestiti come tutti i giovani del mondo occidentale, ma se giri per strada a Londra o Istanbul o San Francisco puoi sentire degli italiani che, guardando la strada piena di giovani, dicono: "Vedi quei due, da come sono vestiti si vede che sono italiani". Ed è vero, quando ci passi vicino senti che parlano italiano... ma sono vestiti come tutti gli altri. Almeno apparentemente. La differenza sta di solito in due aspetti: l'attenzione alla combinazione dei vari elementi del vestiario e la cura dei dettagli.

Anche se un ragazzo porta scarpe Adidas e jeans Levi's, la combinazione tra il colore delle scarpe, la **sfumatura** dei jeans, i colori della maglietta o della camicia, del giubbotto, del maglioncino, è molto, molto curata. Raramente un ragazzo italiano, anche se sembra vestito in maniera molto casual, ha scelto le cose in modo casuale: anzi, spesso ci mette tempo a scegliere la combinazione, e si vede nel risultato: lo riconosci come italiano.

Ma non si può andare sempre vestiti in maniera casual.

Anche i ragazzi usano la giacca, e una tipica moda italiana è quella di portare camicia e giacca blu, abbastanza elegante, con i jeans (ce ne sono molti dal taglio **impeccabile**, disegnati anche da Armani, Dolce & Gabbana, Versace; e ci sono aziende che curano i jeans come se fossero alta moda, ad esempio Benetton, Stefanel, Diesel). Se poi ci si mette la cravatta, una combinazione simile può anche essere formale, purché si abbiano scarpe di pelle e non da ginnastica.

Ci sono anche giovani che vanno vestiti in abito elegante, con la cravatta. Sono spesso studenti di università private prestigiose, tendono a dichiarare anche con l'abbigliamento che sono interessati ad entrare nel mondo degli affari, che sono conservatori nel vestiario e non solo nelle idee.

• **piumino:** giacca usata d'inverno e imbottita di piume d'oche
• **sfumatura:** passaggio di tono (da chiaro a scuro, o da scuro a chiaro) di uno stesso colore
• **impeccabile:** perfetto

La moda di tutti i giorni
(Gli oggetti della vita quotidiana)

PRIMO CONTATTO

1. **Gioca con la memoria! Forma una squadra con i compagni. Osservate le foto a pagg. 60 e 61. In 1 minuto scrivete il maggior numero di vestiti che vedete. Poi confrontate la vostra lista con quella delle altre squadre e costruite una lista unica. Chiedete all'insegnante di controllare l'ortografia delle parole che avete scritto.**

2. Fatti un'idea! **Leggi rapidamente il testo e spiega oralmente come si vestono in genere gli italiani e qual è la differenza tra il look italiano e quello degli altri paesi europei.**

3. Cerca nel testo! **Dopo aver letto nuovamente il testo, completa le seguenti frasi.**

e. Rispetto ai francesi o agli spagnoli, gli italiani _____

_____

f. Chi si veste in maniera casual in realtà _____

_____

g. In Italia va di moda abbinare la giacca _____

h. Gli studenti di università prestigiose si vestono con _____ perchè _____

OLTRE IL TESTO

4. Racconta! **Come ci si veste nel tuo paese?
Si fa così tanta attenzione al modo di vestirsi?
Ci sono delle "regole" su come ci si deve vestire in certe occasioni?**

5. Discutiamo! **In Italia si dice spesso "l'abito non fa il monaco", e con questo si vuol dire che l'apparenza non è importante.
Esiste un'espressione simile nel tuo paese?
Sei d'accordo con questa affermazione?
Discutine con i compagni.**

La combinazione CI + NE
cfr. **scheda 23**

Osserva:
I ragazzi italiani usano la giacca con i jeans. Ce ne *sono molti dal taglio impeccabile.*

Ogni volta che si trova insieme a NE, CI *diventa* CE.

Altri esempi:
Quante uova ci *vogliono per fare questa torta?* Ce ne *vogliono quattro.*
Ce ne *ha dette di tutti i colori!*

Quando si pensa all' "alta moda" vengono in mente soprattutto vestiti come quello indossato dalla modella nella pagina a fronte. In realtà, anche questo ragazzo con un maglioncino di Missoni indossa un capo di "alta moda".

L'alta moda italiana non produce solo abiti per occasioni elegantissime: c'è anche il cosiddetto *prêt à porter*, cioè vestiti prodotti in molti esemplari (mentre quelli da sera sono sempre pezzi unici) che si possono usare anche in situazioni meno formali.

La moda italiana ha due anime, una classica ed una trasgressiva.

La corrente classica è basata su due nomi conosciuti in tutto il mondo, Armani e Valentino, ma ci sono anche stilisti come Cavalli, Ferragamo, Basile, Trussardi ecc. Producono abiti spesso semplicissimi, in cui l'eleganza viene cercata nell'armonia dei colori, nell'equilibrio delle forme. C'è poi una corrente più trasgressiva: Missoni, Versace, Dolce & Gabbana che provocano con combinazioni **azzardate**, nuovissime - e piacciono molto ai giovani!

L'alta moda rappresenta uno dei settori di forza delle esportazioni italiane. La globalizzazione ha **inondato** il mondo di camicie cinesi, jeans indiani, scarpe pakistane: prodotti che costano pochissimo e che sono fatti in grandi quantità, ma con un livello di tessuto e di rifinitura molto **scadente**; l'Italia invece ha puntato sulla qualità totale: le stoffe sono raffinatissime, spesso sono il prodotto di studi scientifici (maglie che non **si macchiano**, giacche che respingono la pioggia, ecc.), ma è soprattutto sul taglio perfetto e le rifiniture **ineccepibili** che si gioca la qualità (e il prezzo...) dell'alta moda italiana: non ci sarà mai una cucitura che produce una piccola piega; le fodere, i bottoni, ecc. sono cuciti in maniera attenta; i pezzi sono controllati uno a uno.

I grandi stilisti italiani producono anche le scarpe più eleganti del mondo, e poi borse, cinghie, profumi, deodoranti, tutta la serie di prodotti che servono per la bellezza e l'eleganza.

In un certo senso, gli stilisti italiani continuano il culto dell'eleganza e della qualità dell'Italia rinascimentale, sono "artisti", come gli stilisti che progettano automobili, treni, mobili, oggetti d'arredamento

cfr. **schede 24/25/28**

- **azzardato**: audace, provocatorio
- **inondare**: invadere, riempire
- **scadente**: di bassa qualità
- **macchiare**: sporcare
- **ineccepibile**: perfetto

Il mondo dell'alta moda

(Gli oggetti della vita quotidiana)

PRIMO CONTATTO

1. Pensaci! Leggi il titolo della scheda che stai per leggere. Che cos'è l'alta moda? Quali stilisti italiani di alta moda conosci? Quali caratteristiche ha secondo te l'alta moda italiana?

2. Fatti un'idea! Leggi il testo velocemente e scegli gli aggettivi che secondo te meglio descrivono l'alta moda italiana.

scadente	giovanile	elegante
costosa	criticata	raffinata
appariscente	apprezzata	economica
trasgressiva	perfetta	nuova
tradizionale	provocatoria	affascinante

3. Cerca nel testo! Leggi di nuovo il testo e rispondi oralmente alle seguenti domande.

a. Quali sono le differenze tra l'anima classica e quella trasgressiva della moda italiana?
b. Quali caratteristiche dei vestiti italiani dimostrano la loro qualità?
c. Oltre agli abiti, che cosa producono gli stilisti italiani?

OLTRE IL TESTO

4. Gioca con le parole! Gioca con le parole! In questo Crucipuzzle ci sono 10 parole relative all'abbigliamento. Trovale!

M	A	T	T	A	T	R	R	U	L	L	G	A	I	A
Z	A	N	Z	A	C	T	I	O	O	I	I	M	L	B
A	B	C	S	B	A	T	N	M	R	G	A	A	I	O
I	S	C	A	R	P	A	V	I	R	G	C	T	D	R
C	A	A	N	E	P	V	A	M	L	I	C	O	S	S
I	C	T	R	R	E	V	Z	I	I	F	A	T	M	A
M	C	U	A	B	L	E	A	G	L	A	L	T	A	F
A	Z	I	N	O	L	A	T	N	A	P	O	C	R	F
C	C	A	P	P	O	T	T	O	T	U	N	A	T	F
S	R	I	E	L	I	B	A	E	M	R	E	P	M	I

Il plurale dei nomi in –cia e –gia

Generalmente i nomi che finiscono in –cia e –gia hanno il plurale in –cie e –gie sono se la i è accentata.
Esempi: la farmacia _ le farmacie; la magia _ le magie.

In questo testo hai trovato questa frase: *La globalizzazione ha inondato il mondo di* **camicie**.

La parola *camicia* forma il plurale in –cie, anche se la i finale non è accentata. In questo modo non la confondiamo con il *camice*, che è il vestito bianco che usano i medici!

Se osservi le tre foto che trovi in questa pagina puoi chiaramente scoprire il segreto degli stilisti italiani, che trovi anche nei carrozzieri di treni e automobili da sogno *cfr.* **schede 24/25** e negli stilisti dell'alta moda *cfr.* **scheda 27** .
Il segreto è la semplicità totale. La pulizia delle linee. Il rifiuto di ogni **ornamento** inutile. E' la stessa eleganza di un abito di Armani, di una borsetta di Ferragamo, di un'Alfa Romeo di Pininfarina...

Nella lampada da letto Brion che vedi qui sotto, la luce si accende automaticamente quando alzi il **coperchio**: è un cubo, senza null'altro che la perfezione delle sei facce uguali ed è un oggetto degli anni Settanta, così come la semplicissima sedia di Cassina che vedi a fianco: puoi immaginare una struttura più pulita di così? Sono trent'anni che si vendono!
E poi c'è uno dei capolavori di un grande architetto degli anni Ottanta-Novanta, del periodo postmoderno, Aldo Rossi - che non si sentiva umiliato se smetteva di progettare grattacieli a New York per concentrarsi su una caffettiera assolutamente liscia, in cui anche la decorazione in alto, la sferetta sul cono, è funzionale, serve come maniglia per aprire il coperchio...

Gli oggetti per la casa costituiscono una delle principali voci dell'esportazione italiana e, come l'alta moda, utilizzano materiali di alta qualità ed hanno una **rifinitura**, una cura di realizzazione che fa di ogni esemplare un pezzo perfetto.
Nello stesso settore troviamo un'altra grande voce delle esportazioni: i mobili, sia quelli tradizionali (salotti, divani, poltrone, camere da letto, ecc.), sia quelli meno "nobili": le cucine italiane sono considerate le più belle del mondo, e così pure molti elementi del bagno, dalle ceramiche alle docce.

Nel settore dei mobili ci sono due tradizioni: da un lato quella modernissima, detta "design italiano", con mobili e cucine che hanno la stessa linea pulita che vedi in questi oggetti; dall'altro, i mobili di grande tradizione classica, rinascimentale e barocca, con legno pregiato e stoffe raffinatissime - il tutto curatissimo, e rigorosamente costruito a mano.

- **ornamento**: decorazione
- **coperchio**: copre vasi, pentole e contenitori
- **ingegno**: intelligenza e creatività
- **rifinitura**: lavoro di precisione sui dei dettagli

Il design italiano
(Gli oggetti della vita quotidiana)

PRIMO CONTATTO

1. Osserva! Nelle foto a pagg. 64 e 65 trovi tre oggetti che rappresentano il design italiano. Osservali attentamente e trova le caratteristiche di stile che hanno in comune.

2. Fatti un'idea! Leggi velocemente il testo e segna con una crocetta gli argomenti di cui parla.

☐ architettura   ☐ importazione
☐ oggetti di alta moda   ☐ esportazione
☐ oggetti per la casa   ☐ arredamento

3. Cerca nel testo! Leggi il testo e forma delle frasi collegando le parti della colonna A con quelle della colonna B.

A	B
1. Il design italiano	a. è un ottimo esempio di semplicità nel design italiano.
2. Per costruire oggetti per la casa	b. sono molto esportati.
3. I mobili e gli oggetti per la casa	c. sono considerate le più belle del mondo.
4. La sedia di Cassina	si interessano della vita privata dei calciatori
5. Le cucine italiane	è uno dei giornali più venduti in Italia.

4. Cerca nel testo! Qui sotto trovi alcune definizioni. Cerca nel testo le parole a cui si riferiscono le definizioni.

a. fermarsi e interrompere un lavoro _____

b. utile a raggiungere uno scopo _____

c. attenzione _____

OLTRE IL TESTO

5. Immagina! Sei un famoso designer italiano e hai progettato un nuovo oggetto per l'arredamento.
Fai una presentazione alla classe del tuo nuovo prodotto, mettendone in evidenza l'utilità e le caratteristiche stilistiche.

6. Immagina! Lavora in gruppo con due tuoi compagni e scegliete uno degli oggetti da voi creati. Progettate un manifesto pubblicitario per convincere la gente a comprarlo: scegliete uno slogan e delle immagini, scrivete un breve testo e organizzate il materiale in un foglio grande.

I luoghi degli italiani

Tutti conoscono l'Italia per averla vista in fotografie, film, viaggi… ma come vivono realmente gli italiani in questa meravigliosa terra?

Questa sezione ti aiuta a vedere l'Italia attraverso dei luoghi dove vivono gli italiani: ci trovi una scheda sul centro storico delle città – quello che vedi sempre nelle foto, nei film, nei viaggi per turismo – ma anche sulla periferia, sui paesini di campagna o di montagna, sui problemi di vivere in una città d'arte invasa dai turisti, sui problemi ambientali in un paese con una altissima quantità di abitanti relativamente alla superficie abitabile.

Nella seconda parte di questa sezione, troverai poi delle schede sulle varie zone del nostro paese.

Le due foto ti presentano chiaramente la doppia realtà dei centri storici in Italia: su questa pagina vedi il centro di Siena – ma potrebbe essere qualunque città medievale italiana; la pagina a fronte ti presenta la città moderna – dove per "moderno" intendiamo "dall'Ottocento in poi", cioè da quando le città si sono ingrandite "fuori mura", come si usa dire per indicare la parte della città fuori dal centro storico, anche se in molti casi le antiche mura sono state demolite per fare spazio a un viale ad anello che circonda il centro storico.

In molti centri storici le automobili hanno circolazione limitata, o addirittura non possono entrare, perché le strade sono strette e tortuose, spesso interrotte da scale. Un buon esempio è Siena: come vedi, ci sono alcune automobili nella strada larga in basso a destra: si tratta di macchine autorizzate, ad esempio taxi, macchine di residenti, furgoncini che portano le merci nei negozi.
Questa particolare realtà dei centri storici contribuisce moltissimo alla qualità della vita: c'è silenzio, c'è la possibilità di passeggiare ed incontrare gli amici, ecc. – ma ci sono anche risvolti meno piacevoli: un'ambulanza, un camion dei pompieri, un taxi per una persona disabile o anziana non possono raggiungere tutta la città...

Nella foto della pagina a fronte vedi invece il caos dell'ora di punta nella parte moderna di una città italiana – e molto spesso è così anche negli orari normali!
L'Italia è piccola, molto densamente abitata, le periferie sono nate e cresciute spesso senza piani regolatori, per cui le strade sono strette, non è possibile allargarle perché ci sono case dappertutto; inoltre, nei decenni scorsi si è privilegiato il trasporto su gomma, per cui sono pochissime le città che hanno una metropolitana (e poi... appena si scava si trovano ville romane e si blocca tutto!) o tram con corsie riservate. La conseguenza è l'uso intensivo che gli italiani fanno della macchina, con perdita di ore per i parcheggi e tassi altissimi di inquinamento da polveri sottili, per cui ogni inverno ci sono blocchi o limitazioni alla circolazione.

- **ingrandire:** far diventare più grande, allargare.
- **demolire:** eliminare, distruggere.
- **tortuoso:** non lineare, con molte curve strette.
- **furgoncino:** piccolo veicolo usato per il trasporto delle merci.
- **scavare:** fare una buca per terra.

Il centro storico
(I luoghi degli italiani)

PRIMO CONTATTO

1. Osserva! **Le fotografie a pag. 68 e 69 sottolineano due caratteristiche delle città italiane. Quali sono?**
Hai mai visitato una città italiana? Se sì, quale impressione ne hai avuto?

2. Cerca nel testo! **Leggi il testo e completa le frasi.**

Le auto spesso non possono entrare in città perché
_____

Le uniche auto autorizzate in queste città sono
_____

La presenza di poche auto è positiva perché
_____

L'intenso traffico in Italia è dovuto ai seguenti fattori:
_____

OLTRE IL TESTO

3. Usa la memoria! **Completa gli schemi con le parole relative alle strade e alla città. Inizia con quelle che hai già trovato nel testo e poi aggiungi altre parole che conosci.**

STRADE

CITTA'

Sostantivi con il doppio plurale

In italiano molti sostantivi che al singolare sono maschili, hanno due plurali: uno maschile e uno femminile.

Generalmente il plurale femminile si usa per indicare un concetto collettivo (*il muro* → *le mura*), oppure la parola assume un significato completamente diverso, come nel seguente esempio: *il membro* → *i membri* (di un'associazione) / *le membra* (del corpo).

4. Racconta! **Prepara una breve relazione orale in cui confronti le città italiane con quelle del tuo paese, descrivendo le differenze e le somiglianze. Hai 10 minuti per scrivere alcune note (parole-chiave, brevi frasi).**

- **radere al suolo:** distruggere completamente.
- **condominio:** palazzo formato da tanti appartamenti.
- **abusivo:** illegale, che non rispetta la legge.
- **spaccio:** diffusione illegale.

Le periferie italiane sono di due tipi, quelle costruite nell'Ottocento e nella prima metà del Novecento, spesso con case abbastanza piccole e giardini, strade con alberi, ecc., e quelle dagli anni Cinquanta in poi, con grandi edifici come quelli che vedi nella foto della pagina a fronte.
Le periferie "vecchie" sono spesso molto vivibili ed oggi fanno praticamente parte del centro storico, da cui le separano le antiche mura o i viali costruiti dopo che le mura sono state abbattute *cfr.* **scheda 29** .

Le periferie degli ultimi cinquant'anni invece sono molto problematiche. L'Italia è uscita distrutta dalla guerra, e "distrutta" non è un modo di dire: tutte le zone industriali che c'erano all'esterno della vecchia periferia erano state rase al suolo dai bombardamenti. Quando si è iniziata la ricostruzione, le industrie sono state spostate ancor più all'esterno e nella zona esterna alla vecchia periferia sono nati enormi condomini, con decine e decine di appartamenti, con strade strette, senza parchi, senza spazi comuni, senza piazze: torri-dormitorio per impiegati che lavorano in centro o operai che lavorano oltre la periferia, nelle zone industriali. Nella foto qui sopra vedi un esempio tipico di periferia nata senza piano regolatore, in gran parte abusiva, frutto di enormi speculazioni edilizie: è la periferia di Napoli, un gigantesca colata di cemento in posizione rischiosissima, in quanto il Vesuvio è un vulcano attivo e la storia di Pompei potrebbe ripetersi.

Dagli anni Ottanta-Novanta in poi c'è stato un blocco alla periferia selvaggia: deve avere un piano regolatore, per poter costruire sono obbligatori spazi verdi, strutture, garage, ecc.; i vari comuni hanno cercato di utilizzare vecchie strutture industriali (macelli, mercati orto-frutticoli, depositi ferroviari, ecc.) per creare centri sociali, biblioteche, e così via. Ma le condizioni di vita in molte periferie, soprattutto nelle città del Sud dove le difficoltà economiche sono forti, sono ancora molto critiche, difficili, con violenza, spaccio di droga, alta disoccupazione, bassa scolarizzazione.
Da vent'anni ci sono anche nuove periferie: sono piccole città costruite con canoni modernissimi, piscine, spazi verdi, ecc., spesso circondate da muri di cinta e protette da polizia privata – ma sono le periferie dei ricchi, e non c'entrano con quella che vedi nelle foto!

La periferia
(I luoghi degli italiani)

PRIMO CONTATTO

1. Pensaci! **Quali sono secondo te le caratteristiche delle tipiche periferie italiane? Discutine con i compagni e aiutatevi guardando le immagini a pagg. 70 e 71.**

2. Cerca nel testo! **Completa la tabella con le caratteristiche delle periferie vecchie e nuove**

PERIFERIE VECCHIE	PERIFERIE NUOVE

3. Gioca con le parole! **Con l'aiuto del dizionario, cerca di semplificare le seguenti frasi del testo. Confronta poi la tua versione con quella dei tuoi compagni e scegliete una versione definitiva.**

a. Tutte le zone industriali che c'erano all'esterno della vecchia periferia erano state rase al suolo dai bombardamenti.
b Qui sopra vedi un esempio tipico di periferia nata senza piano regolatore, in gran parte abusiva, frutto di enormi speculazioni edilizie.

OLTRE IL TESTO

4. Discutiamo! **Alla ricerca della città ideale: quale città italiana o straniera preferisci?**
Perché?
Quali sono i suoi punti di forza?
C'è qualche aspetto negativo che cambieresti?

Parole composte

In italiano molti sostantivi che al singolare sono maschili, hanno due plurali: uno maschile e uno femminile.

In italiano è possibile costruire parole composte unendole con un trattino. Nel testo hai trovato un esempio: *torri-dormitorio*.
Come puoi notare dall'esempio, quando si forma il plurale di questo tipo di parole, la prima parola si trasforma al plurale, mentre la seconda rimane al singolare.

* **sovraffollato:** abitato da troppe persone.
* **ora di punta:** orario in cui il traffico aumenta perché la gente va al lavoro o torna a casa.
* **contenuto:** basso, non eccessivo.
* **scappare:** andar via, fuggire.

Per tutto il Novecento i borghi (cioè i paesi come quello dell'Italia centrale che vedi in questa pagina e quello della Pianura Padana che vedi nella pagina a fronte) sono stati abbandonati: chi poteva si trasferiva in città, nelle grandi periferie *cfr.* **scheda 30** fatte di palazzi nuovi con riscaldamento, acqua calda, servizi, ecc. Molti erano anche coloro che emigravano in Nord Europa o nelle regioni del "triangolo industriale", Milano-Torino-Genova.

I borghi, dove erano rimasti solo i vecchi, hanno cominciato a rinascere negli anni Ottanta, quando i professionisti, gli intellettuali, la borghesia che impazziva nelle città caotiche e **sovraffollate** hanno cominciato ad acquistare vecchie case, spesso abbandonate e mal ridotte, e le hanno restaurate per trascorrerci il fine settimana. Vista poi la qualità della vita in un paesino dove tutti si conoscono, non c'è caos, si mangia bene, ecc., lentamente i borghi si sono ripopolati di famiglie che spesso lavorano in centro, ma non devono viaggiare nell'**ora di punta**, possono in parte fare tele-lavoro, hanno giorni alla settimana in cui non devono andare in ufficio – giudici, docenti universitari, giornalisti, avvocati, ecc.

E poi sono tornati in massa i pensionati: sono andati via dal paese a trent'anni, si sono costruiti una posizione economica ma, avvicinandosi alla pensione, hanno restaurato le vecchie case e ci si sono trasferiti, lasciando ai figli la casa di città.

Questi borghi non sono dei "parassiti" economici, che vivono di quanto prodotto nelle città. Hanno una loro produttività autonoma.

Spesso i proprietari di case grandi nel centro del borgo le hanno trasformate in bed and breakfast, dove i cittadini (e spesso anche stranieri che amano l'Italia) trascorrono il fine settimana o anche una settimana intera di relax, lontani dal caos, con costi **contenuti**, cibo di qualità alta, possibilità di visita ai mille tesori d'arte della campagna italiana.

Spesso i contadini delle fattorie intorno al borgo si sono attrezzati come agriturismo *cfr.* **scheda 14** e fanno i ristoratori, spesso solo il weekend, usando in gran parte prodotti di produzione propria.

Se si guardano le statistiche si vede che ogni anno le grandi città perdono abitanti: questo non è dovuto al calo delle nascite, compensato comunque dalla presenza di due milioni di immigrati: è dovuto al fatto che dalle città si **scappa** a vivere nel paesini, nei borghi, che da nuclei di miseria e povertà si sono trasformati in luoghi raffinati per la borghesia media e alta.

Il borgo antico
(I luoghi degli italiani)

PRIMO CONTATTO

1. Usa la memoria! **Nelle schede precedenti** *cfr.* scheda 29, 30 **si è parlato delle città italiane. Partendo da quanto hai imparato finora, come descriveresti una tipica città italiana?**

2. Cerca nel testo! **Dopo aver letto la scheda, forma delle frasi collegando le parti della colonna A con quelle della colonna B.**

A	B
1. I borghi italiani	a. ci sono pensionati, famiglie e professionisti.
2. Gli attuali borghi	b. sono state trasformate in bed and breakfast.
3. Negli anni '80	c. stanno gradualmente perdendo abitanti.
4. Tra le persone che oggi vivono nei borghi	d. si è verificata la rinascita dei borghi.
5. Le grandi città	e. sono stati poco abitati per tutto il '900.
6. Molte grandi case	f. è una delle caratteristiche dei borghi moderni.
7. I contadini delle zone vicino ai borghi	g. hanno aperto degli agriturismo.
8. La tranquillità	h. sono una risorsa economica per la città.

OLTRE IL TESTO

3. Un po' di geografia! **Quanto conosci l'Italia? Risolvi il cruciverba e scoprirai qual è la regione italiana più popolosa.**

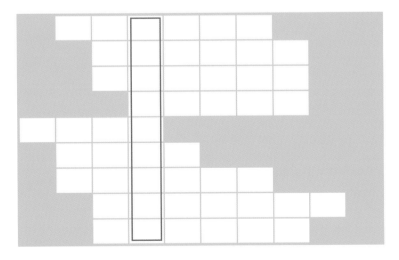

1. E' famosa per la sua Scala.	4. Qui si svolge il Motor Show.	7. Qui c'è la Cappella degli Scrovegni.
2. La città della F.I.A.T.	5. La città di Romolo e Remo.	8. La città degli Uffizi.
3. Era una repubblica marinara.	6. Il capoluogo della Puglia.	9. La patria della pizza.

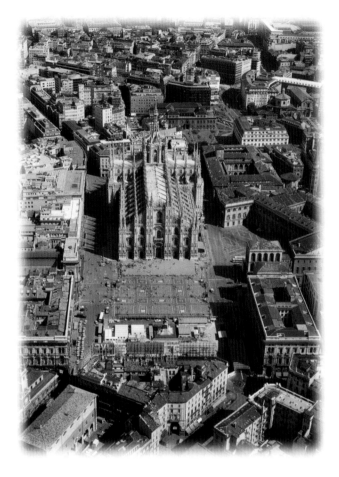

Nelle foto vedi i due simboli delle due capitali italiane: il Duomo di Milano e San Pietro a Roma. Anzitutto, non stupirti del titolo di questa scheda: la capitale istituzionale, legale, politica è una, Roma. Lì ci sono il Parlamento, il Governo, le ambasciate straniere, e così via.
Ma Milano si ritiene la "capitale morale", cioè il luogo in cui si prendono davvero le decisioni importanti: lì c'è la principale Borsa, ci sono centinaia di banche italiane e straniere, è la capitale del Nord, dove si trova l'industria.

La rivalità non è nuova: fin dal terzo secolo, gli imperatori romani cominciarono a privilegiare *Mediolanum* rispetto a Roma, perché era sulle grandi vie di comunicazione tra Spagna, Britannia e Gallia (Francia), da un lato, e i Balcani e il Medio Oriente dall'altro: Roma era ormai troppo decentrata, soprattutto nei secoli in cui i Barbari premevano alle frontiere del nord.

Dopo il disfacimento dell'Impero Romano, che viene sostituito dal potere della Chiesa, la situazione cambia poco e Milano ha una grande autonomia religiosa, tant'è vero che ancora oggi i riti a Milano sono "ambrosiani", da Sant'Ambrogio, vescovo del quarto secolo che consolida il potere di Milano, e sono diversi da quelli universali basati sulla tradizione romana.

Negli anni Ottanta nasce a Milano la Lega Nord e l'opposizione Milano/Roma diventa anche politica: la Lega è stata al governo soprattutto con la Destra, ma ha sostenuto anche governi di Sinistra, ed ha più volte richiesto la secessione del nord (la "Padania", che nel linguaggio leghista include anche il Veneto e il Friuli, anche se non c'entrano con il fiume Po, il Padus latino da cui deriva "Padania"), ha chiesto di uscire dall'Unione Europea e di rinunciare all'euro, ha ottenuto dal Governo Berlusconi un federalismo regionale molto forte.

Roma è invece la capitale istituzionale *cfr.* **scheda 40** erede dell'Impero romano, ma anche sede dell'impero che ne ha preso il posto, la Chiesa – e queste sono centralità che contano. Inoltre, se è vero che per decenni è stata Milano la capitale culturale, negli ultimi dieci-quindici anni anche Roma ha acquisito un suo ruolo, legato anche alla presenza delle sedi centrali di molti giornali, reti televisive, ecc.
Forse, con la rete dei treni ad alta velocità, che sul percorso Milano-Roma sarà presto pronta e permetterà di andare dall'una all'altra in tre ore, anche questa dualità millenaria tra le due grandi città italiane è destinata a ridursi: sarà quasi come vivere in due quartieri diversi di un'unica grande città!

• **decentrato:** lontano dal centro.
• **disfacimento:** distruzione.
• **consolidare:** rendere solido, sicuro, forte.
• **secessione:** separazione di una parte del territorio da una nazione.
• **contare:** avere un certa influenza, essere importante.

Le due capitali
(I luoghi degli italiani)

PRIMO CONTATTO

1. Pensaci! **In questa scheda si parlerà del rapporto tra Roma e Milano. Che cosa conosci di queste due città? Condividi le informazioni che conosci con i compagni.**

2. Cerca nel testo! **Rispondi oralmente alle seguenti domande:**

a. Perché Milano si può considerare la "capitale morale" d'Italia?
b. Quando è nata la rivalità tra Milano e Roma?
c. Quali proposte politiche sostiene la Lega Nord?
d. Cosa sono i riti ambrosiani?

3. Gioca con le parole! **Dopo aver riletto la scheda, nel minor tempo possibile trova nel testo i sinonimi delle seguenti parole.**

a. periferica _____

b. preferire _____

c. competizione _____

d. spingevano _____

e. separazione _____

f. rafforza _____

g. si considera _____

h. sono importanti _____

OLTRE IL TESTO

4. Per saperne di più... **Dividetevi in due gruppi di lavoro. Un gruppo dovrà cercare maggiori informazioni sulla città di Milano, mentre l'altro gruppo dovrà raccogliere informazioni sulla città di Roma.**
Ciascun gruppo dovrà organizzare le notizie raccolte e presentarle oralmente alla classe.
Dopo che entrambi i gruppi avranno presentato la loro ricerca, discutete assieme ai compagni sulle somiglianze e le differenze tra le due città a livello storico, artistico, sociale e culturale. Potete usare la seguente tabella per raccogliere appunti.

ROMA E MILANO	
SOMIGLIANZE	DIFFERENZE

La congiunzione ormai

"Ormai" è una congiunzione con molti significati.

Osserva gli esempi:
a. Ormai è troppo tardi per rimediare ai tuoi errori!
b. Fai un piccolo sforzo, ormai siamo quasi arrivati!
c. Quando arriva il libro che ho chiesto? Ormai è un mese che aspetto!

Nel primo esempio ormai è usato nel senso di "a questo punto", ed indica rassegnazione per un evento che non si può cambiare o evitare.
Nella seconda frase, ormai ha un significato simile a "quasi" e si riferisce ad un evento che certamente accadrà in un futuro vicino nel tempo.
Nel terzo esempio ormai è usato con tono enfatico, per sottolineare l'azione o lo stato espresso dal verbo, in questo caso dando una connotazione negativa.

L'assoluto protagonista della foto qui sopra è il campanile di San Marco. "Campanile" è un termine legato alla religione cristiana – ma in realtà la funzione di questa torre alta 100 metri era più complessa: serviva da torre di guardia, per controllare chi si avvicinava a Venezia dal Mar Adriatico oppure dalla Pianura Padana, ed era anche un faro per le navi: la statua dell'angelo che vedi sulla punta è alta 7 metri, ruota su un perno in modo da indicare alle navi da che parte soffia il vento – ed è ricoperta d'oro, quindi riflette il sole ed è visibile da miglia e miglia: un vero faro marino, anche se senza fuoco.
Venezia è la più celebre delle città d'acqua, nell'acqua, sull'acqua, come si voglia dire.
Ma in un paese come l'Italia, con migliaia di chilometri di costa, le città d'acqua sono molte di più.
Partendo da Nord-est: Trieste, Ravenna, Ancona, Bari, Taranto, Reggio Calabria, Catania, Palermo, Cagliari, Napoli, Genova. Tutte queste città hanno più o meno lo stesso problema: il porto taglia la città in due, una parte sull'acqua, abitata da guardie di finanza, spedizionieri, turisti che prendono i traghetti, camionisti, polizia, ed una parte che "guarda" il mare dai piani alti delle case o dalle colline, ma non lo può raggiungere, non può passeggiare lungo i moli.
C'è un'altra caratteristica comune alle città d'acqua: a parte Venezia e Ravenna, che sorgevano su lagune, quasi tutte le altre città marinare sono nate dove c'era un golfo riparato dai venti e dalle tempeste del mare: ma questi golfi si trovano quasi sempre dove ci sono colline o montagne che arrivano fino al mare.
Nei secoli scorsi le case sorsero ammassate le une alle altre sulle colline, ma oggi non c'è più spazio, e quindi queste città si ritrovano con un centro storico spesso molto compresso, con un sistema di strade medievale, con una ferrovia che taglia la città lungo la costa (non poteva passare sulle montagne!) e quindi sono difficili da vivere.
Nel dopoguerra, con il passaggio dal trasporto via nave a quello via autostrada e ferrovia, i porti sono andati in crisi; oggi stanno rinascendo sia perché si sono trasformati in porti per container, sia perché il traffico delle navi traghetto sta sostituendo quello dei mercantili.

* faro: costruzione molto alta, che sulla punta ha una luce molto forte, per guidare di notte le navi e gli aerei.
* perno: elemento meccanico che permette ad una parte di una macchina di ruotare attorno all'altra.
* molo: muro che difende il porto dalle onde del mare.
* sorgere: nascere, essere costruito.
* ammassare: mettere tante cose vicinissime tra loro.

La città d'acqua

(I luoghi degli italiani)

PRIMO CONTATTO

1. Pensaci! **L'Italia è una penisola e quindi molte sue città sorgono vicino al mare. Quali di queste città sono le più famose? Potresti individuare alcune caratteristiche comuni a queste città?**

2. Fatti un'idea! **Leggi velocemente il testo e trova le due caratteristiche comuni a tutte le città d'acqua. Riassumi le due caratteristiche scrivendo una frase per ciascuna.**
Pensa alle caratteristiche che avevi individuato nell'esercizio precedente: corrispondono a quelle descritte nel testo?

3. Cerca nel testo! **Dopo aver riletto il testo, decidi se queste affermazioni sono VERE o FALSE o NON NEL TESTO.**

a. Il campanile di San Marco svolgeva anche   Ⓥ Ⓕ Ⓝ
    funzioni non religiose.

b. Nelle città d'acqua, la parte sul mare è   Ⓥ Ⓕ Ⓝ
    riservata ai turisti.

c. Nelle città marittime spesso è impossibile   Ⓥ Ⓕ Ⓝ
    raggiungere il mare.

d. Ravenna e Venezia sorgono entrambe   Ⓥ Ⓕ Ⓝ
    sul golfo.

e. Il centro storico di Bari è molto meno   Ⓥ Ⓕ Ⓝ
    compresso di quello veneziano.

f. Oggi i porti italiani hanno superato   Ⓥ Ⓕ Ⓝ
    definitivamente la crisi.

OLTRE IL TESTO

4. Racconta! **In questa scheda si è parlato di città che sorgono vicino al mare. Costruisci un breve questionario e poi intervista i tuoi compagni, chiedendo ad esempio:**

a. Nel tuo paese ci sono città d'acqua?
b. Se si, quali sono le loro caratteristiche?
c. Hanno gli stessi problemi delle città marittime italiane?
d. Ti piacerebbe vivere in una città d'acqua? Perché?
e. Quali sono secondo te i vantaggi e gli svantaggi di vivere in una città di mare?

da + infinito

La costruzione sostantivo + „*da*" + *infinito* può esprimere un'idea di dovere (a), un consiglio (b) o uno scopo (c):

a. *Quest'auto è da lavare: è troppo sporca!* (= è un auto che si deve lavare)
b. *È proprio un film da vedere* (= è un film che si deve vedere, che è consigliabile vedere).
c. *Ho una macchina da cucire.*

Abbiamo dedicato molte foto nelle pagine precedenti alle città d'arte, quindi le foto di questa pagina le dedichiamo entrambe a Firenze, una delle capitali mondiali dell'arte: questa è la cupola di Brunelleschi, la prima cupola moderna, che apre al Rinascimento, e nella pagina a fronte vedi una delle icone mondiali dell'arte italiana, il David di Michelangelo.

Potremmo parlare dell'enorme quantità di beni artistici che si trovano nelle città d'Italia: a seconda delle stime e di cosa consideri come "bene artistico", tra il 40 e il 65% dei beni artistici del mondo sono in questa penisola – per cui anche cittadine di diecimila abitanti sono spesso città d'arte.

Ma preferiamo affrontare un problema a cui spesso non si pensa: come si vive in una città d'arte.

Da un lato ci sono problemi ovvi: se abiti in una casa del Quattrocento non puoi spostare un muro, cambiare la forma di una finestra, tagliare un appartamento in due, aggiungere un bagno: restaurare o modificare un edificio secolare richiede autorizzazioni difficili da ottenere. E poi costa: se si spezza una trave di legno di quercia (e tutti i soffitti sono sostenuti da travi di legno, nelle case antiche), si può sostituirlo solo con un'altra trave di quercia, del tipo approvato dalla Sovrintendenza alle Belle Arti: ti rendi conto quanto costa trovare la quercia, trovare la trave, farla arrivare fino a casa tua in un centro medievale, farla salire fino al quarto piano senza ascensori e in spazi ristretti – e il tutto fatto da operai specializzati, che sanno lavorare in case secolari?

Dall'altra parte ci sono i problemi dovuti al turismo di massa: solo a Venezia, 65.000 abitanti, vengono ogni anno 14.000.000 di visitatori, che invadono i bar e i ristoranti facendo crescere i prezzi, che sporcano la città lasciando ai residenti il compito di pagare l'azienda che pulisce, che usano autobus, vaporetti e tram facendo restare a terra il veneziano, il fiorentino, il romano che devono andare al lavoro...

Ma allora perché la gente paga cifre folli per comprare casa a Venezia, a Firenze, a Roma, a Verona o a Siena, tanto per citarne alcune? Perché se ci si toglie dalle zone frequentate dai turisti, ci si ritrova in una dimensione in cui il tempo viene sconfitto: quelle pietre erano lì al tempo dei nonni dei nonni, ci saranno probabilmente per i nipoti dei nipoti. E sono muri, finestre, sculture che hanno la traccia della vita di chi le ha create, spesso anonimo, ma sono comunque cose fatte da uomini, non da macchine.

Vivere una città d'arte significa celebrare ogni giorno l'uomo che crea e costruisce, sentirsi parte di una storia che vive giorno dopo giorno.

* trave: pezzo di legno o metallo grosso e lungo, usato per costruire case, palazzi, edifici.
* sporcare: rovinare con rifiuti (resti di sigarette, plastica, carta...).
* residente: persona che abita ufficialmente in una città.
* folle: assurdo, incredibile, esagerato.

La città dell'arte
(I luoghi degli italiani)

PRIMO CONTATTO

1. Intervista un compagno! L'Italia è conosciuta soprattutto per le sue bellezze artistiche. Trova un compagno che abbia visitato l'Italia e chiedigli informazioni ed impressioni sulle città d'arte che ha visitato. Se nessun compagno è stato in Italia, rivolgi le stesse domande all'insegnante.

2. Fatti un'idea! Leggi velocemente il testo e segna con una crocetta gli argomenti centrali di cui parla.

☐ storia dell'arte italiana   ☐ restauro
☐ economia dell'arte   ☐ arredamento
☐ arte e turismo   ☐ disagi nelle città d'arte
☐ la vita in una città d'arte   ☐ arte contemporanea

3. Cerca nel testo! Leggi nuovamente il brano e trova la domanda giusta per queste risposte.

a. _____ ?

Perché nelle città d'arte sembra quasi che il tempo si sia fermato.

b. _____ ?

La manutenzione degli edifici e il turismo di massa.

c. _____ ?

Più della metà.

OLTRE IL TESTO

4. Gioca con le parole! In questo **Crucipuzzle** ci sono 6 parole relative all'arte. Trovale!

S	T	R	R	E	A	A	A	L	I	O	C	R
T	C	G	Z	L	O	R	B	T	I	I	E	
R	O	U	V	I	R	T	U	E	P	R	S	
A	L	I	L	C	T	S	T	A	M	R	T	
A	P	U	I	T	R	O	T	M	E	T	A	
S	P	M	O	N	U	M	E	N	T	O	U	
F	F	O	D	S	D	R	P	N	N	F	R	
D	I	P	I	N	T	O	A	I	L	L	O	

fare + infinito

Osserva questa frase del testo:

Ti rendi conto quanto costa trovare la quercia, trovare la trave, farla arrivare fino a casa tua in un centro medievale, farla salire fino al quarto piano senza ascensori e in spazi ristretti?

La struttura "fare + infinito" esprime un'azione che è causata dal soggetto, ma che il soggetto non compie direttamente.
Quando il verbo *fare* è usato all'infinito si preferisce la forma tronca *far*.

- **intraprendente:** che ha grandi capacità di progettare, costruire e realizzare attività.
- **fatiscente:** non sicuro, che rischia di crollare improvvisamente.
- **delinquente:** persona poco affidabile, criminale.
- **spacciatore:** persona che vende la droga.
- **rilanciare:** dare nuova vita, sostenere e far crescere.

Nel Settecento, quando è stato dipinto il quadro che vedi qui sopra, Napoli era ancora tra le più grandi città d'Europa ed era una capitale tra le più vitali, al pari di Vienna e Parigi. Nessun europeo che facesse il Grand Tour poteva tralasciare Napoli, che era il punto conclusivo del viaggio nelle grandi città d'arte *cfr.* **scheda 34**: Venezia, Firenze, Roma, Napoli.
Poi, con la creazione del Regno d'Italia, nel 1861, Napoli ha perso la sua centralità politica e culturale: all'inizio era troppo lontana da Torino e Firenze, le prime due capitali; poi, quando Roma è diventata la capitale definitiva, era questa che attraeva su di sé investimenti economici e culturali che una volta sarebbero andati a Napoli...
Ma il colpo definitivo arriva dopo la seconda guerra mondiale: quel che non era stato distrutto dai bombardamenti viene distrutto dalla speculazione edilizia, che ha creato una periferia mostruosa. A questo si è aggiunta la crisi economica del Sud e dell'agricoltura, l'emigrazione dei più intraprendenti... Il risultato è una miscela esplosiva fatta di contrasti enormi, di strutture bellissime accanto a strutture fatiscenti, di persone eccezionali accanto a delinquenti e spacciatori che non hanno nessun lavoro se non quello offerto dalla mafia napoletana, detta "camorra".

Ha speranza una città in queste condizioni?
Ha speranza se torna ad essere la capitale sociale, culturale, universitaria, prima ancora che economica, del Sud: Campania, Calabria, parte del Molise e della Basilicata gravitano naturalmente attorno a Napoli.
Ha speranza se ai tentativi folli di immettere industria pesante, fabbriche di automobili, ecc. – facilmente ricattabili dalla delinquenza – si sostituisce l'industria del software, l'industria culturale, la progettazione avanzata, la ricerca scientifica.
Ha speranza se si rilancia il turismo colto, raffinato, che porta lavoro costante nei ristoranti di una delle cucine regionali più buone d'Italia, che acquista cravatte fatte a mano raffinatissime, e così via: un turismo che oggi fugge dalla Napoli caotica e disordinata, ma che può facilmente tornare in questa città dal fascino indimenticabile.

La capitale del Sud
(I luoghi degli italiani)

PRIMO CONTATTO

1. Pensaci! Leggi il titolo di questa scheda e indovina quale città si può considerare la capitale del Sud Italia e per quali ragioni. Confronta poi la tua risposta con quella dei compagni.

2. Cerca nel testo! Trova nel testo le informazioni storiche su Napoli e inseriscile qui sotto.

a. Nel Settecento:

_____

_____

_____

_____

b. Nell'Ottocento:

_____

_____

_____

c. Nel Novecento:

_____

_____

_____

3. Cerca nel testo! Per poter ritornare ad essere una città importante, che cosa dovrebbe fare Napoli? Rileggi il testo e riassumi i tre suggerimenti dell'autore.

a. _____

b. _____

c. _____

OLTRE IL TESTO

4. Discutiamo! In questa scheda si è parlato di Napoli come la capitale del Sud, mentre nella scheda 32 si parlava di Milano e Roma come capitali d'Italia.
Pensi che la presenza di molte "capitali" sia comune anche ad altri paesi?
Nel tuo paese la capitale politica coincide con la capitale culturale, sociale, turistica?

L'Italia è ai primissimi posti nell'applicazione dei parametri del Trattato di Kyoto; è al primo posto mondiale sul trattamento dei *rifiuti* urbani; è stata tra le prime nazioni ad applicare una legge antifumo drastica, che mette in crisi molti fumatori europei quando arrivano in Italia.

L'ambientalismo è uno dei settori in cui l'Italia ha fatto la più rapida delle sue modernizzazioni. Anche al Sud, dove la tradizione culturale tendeva a considerare lo spazio pubblico (il parco, la costa, l'aria, ecc.) "terra di nessuno", l'atteggiamento sta cambiando rapidamente. Soprattutto, governi di sinistra e di destra sono stati concordi nel fare una normativa rigorosissima sugli OGM, gli organismi geneticamente modificati (nella pagina a fronte vedi la foto di una manifestazione contro l'importazione di mais modificato).

I disastri degli anni Cinquanta-Ottanta ormai sono fatti:

a. si è privilegiato il trasporto su gomma rispetto a quello via treno, con la creazione di autostrade e con un forte inquinamento da motore e da polveri sottili, che ora portano al blocco continuo del traffico *cfr.* **schede 23/24** ;

b. i centri storici delle città italiane non consentono la convivenza di trasporto privato e pubblico: per decenni si è lasciata via libera alle automobili, creando un inquinamento che ha *annerito* i muri ma anche i polmoni; a tutt'oggi sono ancora poche le città che hanno realizzato un vero piano di trasporto pubblico tale da convincere a non usare la macchina;

c. si è consentito alle industrie, soprattutto quelle piccole difficilmente controllabili, di scaricare acque inquinate nei fiumi, nelle lagune – e i costi per la bonifica oggi sono immensi;

d. non si è fatta per decenni una politica di gestione dei rifiuti, usando *discariche* autorizzate e, spesso, anche non autorizzate: di conseguenza i fattori inquinanti sono passati lentamente nella terra e nelle *falde acquifere*, con gravi conseguenze per la salute di tutti.

Ma, come dicevamo sopra, le cose stanno migliorando: quanto meno, tutti si sono resi conto del disastro ambientale del secolo scorso. Ma guarire dall'inquinamento è un processo lungo e costoso, che richiederà ancora molti anni.

* **rifiuti**: spazzatura, resti delle cose che usiamo (bottiglie vuote, resti di cibo, contenitori...).
* **annerire**: colorare di nero.
* **discarica**: luogo dove si raccolgono i rifiuti.
* **falda acquifera**: quantità di acqua che si trova sottoterra.

La difesa dell'ambiente
(I luoghi degli italiani)

PRIMO CONTATTO

1. Gioca con le parole! In questo testo si parlerà della difesa dell'ambiente. Le espressioni elencate qui sotto sono tutte legate all'ambiente, tranne una. Trovala!

Ambientalista	Inquinamento
Discarica	Raccolta differenziata
Effetto serra	Ricarica
Gas tossici	Riciclaggio
Gas di scarico	Rifiuti
Giornata ecologica	Spazzatura

2. Fatti un'idea! Dopo aver letto velocemente il testo, descrivi oralmente:

a. La questione ambientale in Italia;
b. I cambiamenti avvenuti dagli anni '50 ad oggi.

3. Cerca nel testo! Leggi il testo attentamente e completa gli appunti che lo riassumono.

a. L'Italia è un paese sensibile ai problemi ambientali; infatti

_____

_____

b. La legge antifumo italiana

_____

_____

c. Fino agli anni '80 non c'era attenzione per l'ambiente; ad esempio

_____

_____

OLTRE IL TESTO

4. Immagina! Sei un grafico pubblicitario e devi costruire un manifesto per sensibilizzare la gente alla raccolta differenziata.
Progetta il manifesto, pensando ad uno slogan, ad un testo breve ma efficace e ad alcune immagini significative.

Il SI passivante: l'accordo oggetto-verbo

Osserva i seguenti esempi tratti dal testo:

a. Si è privilegiato il trasporto su gomma.
b. Per decenni si è lasciata via libera alle automobili.

Da questi due esempi possiamo capire che quando si usa il "si passivante" *cfr.* **schede 2** è richiesta la concordanza di numero e persona tra il verbo e l'oggetto diretto della frase.

I due volti del Nord-Ovest sono evidenziati dalle due foto: da un lato, città d'arte (quella che vedi è Bergamo), eredi della grande stagione medievale dei comuni autonomi e poi della potenza internazionale delle Signorie rinascimentali, dall'altro il mondo dell'industria, che proprio in queste regioni si è sviluppato per la prima volta in Italia alla fine dell'Ottocento e che, dopo la seconda guerra mondiale, ha prodotto nel triangolo industriale Milano-Torino-Genova il "miracolo economico italiano".
Basta guardare la carta geografica per cogliere che queste tre regioni erano quelle maggiormente legate all'Europa che veniva modernizzandosi, mentre il Nord-Est era legato all'Impero Austro-Ungarico che era stato incapace di cogliere la rivoluzione industriale.

Torino era la capitale dei Savoia, ed è da questa regione francese e italiana insieme che nasce la spinta all'unificazione d'Italia, a metà dell'Ottocento – e sarà proprio Torino la prima capitale del Regno d'Italia. Oggi Torino è abbastanza in crisi, in quanto la sua vita industriale era legata all'industria dell'automobile, che è in difficoltà in tutto il mondo; ma proprio qui si sta progettando il passaggio al post-industriale, all'agricoltura di qualità, alla filosofia rappresentata dal movimento dello slow food *cfr.* **scheda 14** .
Un differente passaggio al mondo post-industriale è avvenuto anche a Milano, che oggi è la capitale finanziaria e commerciale d'Italia *cfr.* **scheda 32** , anche se la Lombardia rimane la regione con maggiore produzione industriale in Italia e una delle principali in Europa.
La Liguria è sempre stata la "porta" marittima di Torino e di Milano, ma la riduzione dei trasporti via mare ha messo in crisi questa città. Oggi, con la rinascita dei commerci non più di esportazione dall'Europa verso il resto del mondo ma, viceversa, dall'Asia, dall'Africa e dal Sud America verso l'Europa i porti stanno riprendendo vita, e Genova è uno dei porti leader dell'Unione Europea.

Il Nord-Ovest non è più l'anima industriale d'Italia – anzi la sua industria di grande dimensione è forse superata, a favore della piccola e media industria del Nord-Est *cfr.* **scheda 38** , ma rimane comunque una zona di grande ricchezza e prosperità.

cogliere: intuire, capire l'importanza di una cosa.
prosperità: benessere, ricchezza.

Il Nord-Ovest
(I luoghi degli italiani)

PRIMO CONTATTO

1. Osserva! **Guardando attentamente le fotografie a pagg. 84 e 85, puoi intuire quali sono le due principali caratteristiche del Nord-Ovest? Fai delle ipotesi e confrontale con quelle dei compagni.**

2. Cerca nel testo! **Inserisci nella tabella le caratteristiche economiche e sociali di Lombardia, Piemonte e Liguria in passato e oggi.**

	IERI	OGGI
LOMBARDIA		
PIEMONTE		
LIGURIA		

3. Gioca con le parole! **Che cosa significano queste parole? Per scoprirlo, metti in ordine le loro definizioni.**

a. INCAPACE :
   Che / a / o / qualcosa / non / non / fare / sa / riesce

b. PROSPERITA':
   economico / benessere / di / Condizione

c. SUPERARE:
   capace / abile / e / più / Dimostrarsi / di / più / qualcuno

OLTRE IL TESTO

4. Racconta! **In questa scheda si è parlato del ruolo economico del Nord-Ovest in Italia.
Esiste nel tuo paese una regione più ricca e più importante a livello economico?
Fai una breve relazione orale sull'economia del tuo paese e presentala alla classe.**

Il presente storico

Osserva:

E' da questa regione francese e italiana insieme che nasce la spinta all'unificazione d'Italia, a metà dell'Ottocento.

In questo esempio notiamo che il presente indicativo può essere usato per riferirsi ad azioni che sono accadute nel passato. Questo uso particolare del presente sta diventando sempre più comune, soprattutto nel linguaggio giornalistico.

La cartina che vedi qui sopra è corretta... ma sbagliata! E' corretta in quanto le regioni che compongono il Nord-Est sono quelle segnate, ma quando si dice "Nord-Est" in realtà si intende solo la metà orientale dell'Emilia (la parte vicina a Milano fa parte del Nord-Ovest, economicamente parlando), e si include anche la metà superiore delle Marche.

Infatti il concetto di "Nord-Est" non è geografico ma economico: è un modello industriale del tutto originale, che è stato studiato dagli anni Ottanta in poi e che in vent'anni ha trasformato una delle zone più povere d'Italia nella regione che, negli anni Novanta, ha avuto il reddito pro-capite maggiore d'Europa.

Il modello è molto semplice: a seguito della crisi petrolifera degli anni Settanta, i contadini diventati operai negli anni Cinquanta-Settanta sono stati licenziati, con un pagamento di un piccolo capitale di "liquidazione". Ma ormai avevano imparato a fare gli operai, per cui hanno investito quel piccolo capitale in aziende familiari e hanno lavorato come folli, dodici-quindici ore al giorno, rallentando solo durante il raccolto dell'uva, investendo tutti i guadagni nell'aziendina: è il miracolo della piccola industria nel Nord-Est, che ha creato giganti come Benetton, Stefanel, De Longhi, Diesel Jeans. Lo sai che, se si esclude la Cina, l'80% degli occhiali del mondo è fabbricato in Veneto, con tutti i marchi più famosi? E che il 70% delle sedie europee è fatto in Friuli? E che le scarpe della zona tra Venezia e Padova sono le più raffinate del mondo? Questo modello ha coinvolto i tre ambienti che vedi nelle foto: le montagne e le vallate delle Alpi; la pianura veneta, di cui vedi una delle tante ville palladiane; la pianura padana, su cui regna Bologna, al centro della lunghissima Via Emilia: in tutti questi ambienti sono nati capannoni e capannoni, distruggendo un paesaggio dolcissimo, ma allo stesso tempo dando lavoro a milioni di persone che fino a dieci anni prima avevano dovuto emigrare.

Poi gli italiani, soprattutto i figli dei vecchi "padroncini" del Nord-Est, si sono stancati di lavorare 12 ore al giorno 365 giorni l'anno, si sono stancati di fare i lavori umili – e sono stati sostituiti da centinaia di migliaia di immigrati: dei due milioni di immigrati regolari, circa un terzo è nel Nord-Est... dove oggi la disoccupazione comincia ad arrivare perché molte produzioni sono stati spostate nell'Europa Orientale.

* reddito pro-capite: soldi che, in media, ogni persona riceve in un periodo di tempo grazie ad un lavoro, un'attività professionale, un servizio, un investimento.
* liquidazione: somma di denaro extra che un lavoratore riceve alla fine di un contratto di lavoro.
* guadagno: somma di denaro che deriva da un'attività, un servizio, un lavoro.

Il Nord-Est
(I luoghi degli italiani)

PRIMO CONTATTO

1. Pensaci! **Quando pensi al Nord-Est d'Italia quali caratteristiche ti vengono in mente? Discutine con un compagno e scrivetele su un foglio. Le fotografie a pagg. 86 e 87 possono aiutarvi.**

2. Fatti un'idea! **Leggi velocemente il testo e cerca di spiegare oralmente:**

a. Cosa s'intende per Nord-Est;
b. Quale modello economico è alla base del Nord-Est.

3. Cerca nel testo! **Qui sotto c'è un breve riassunto del testo che hai appena letto. Ci sono 5 errori di contenuto. Trovali e correggili.**

Con il termine Nord-Est si intende un modello politico semplice ma originale. La crisi degli anni '70 ha provocato l'assunzione di molti operai, che prima erano contadini.
Questi hanno usato i soldi che avevano per costruire grandi aziende familiari, con sacrifici enormi in termini di energie, lavoro e investimenti economici. Sono nate proprio così alcune tra le più famose aziende italiane, come Fiat e Stefanel.
Queste aziende si sono diffuse nella pianura toscana, dove si sono costruiti capannoni e fabbriche.

OLTRE IL TESTO

4. Per saperne di più... **Cerca in internet maggiori informazioni su alcune delle principali aziende del Nord-Est, come ad esempio Stefanel e Benetton. Cerca notizie su:**

a. quando sono state create;
b. chi erano/sono i loro fondatori;
c. cosa producono;
d. come sono cambiate queste aziende con il passare del tempo.

Organizza poi tutte le informazioni raccolte in maniera coerente, presentandole alla classe.

Il pronome relativo CUI (2)

Questo modello economico ha coinvolto la pianura veneta, di cui vedi una delle tante ville palladiane, e la pianura padana, su cui regna Bologna.

In questi esempi non è possibile usare il pronome relativo che: questo pronome si usa infatti solo in funzione di soggetto o complemento diretto.

Anche il pronome relativo cui è invariabile ma si usa in funzione di oggetto indiretto (quando è necessaria una preposizione, come negli esempi).
I pronomi relativi il /la quale e i /le quali possono sostituire cui ma devono accordarsi con il genere e il numero del sostantivo a cui si riferiscono.

La Toscana e l'Umbria, pur nella loro individualità, sono regioni abbastanza simili. Dopo la seconda guerra mondiale la povertà si è fatta sentire meno qui che nel Nord perché il numero di abitanti è minore e i contadini riuscivano a nutrire le loro famiglie: si è quindi salvato molto artigianato tradizionale, mentre nel Nord-Ovest ormai la rivoluzione industriale aveva vinto *cfr.* **scheda 37** e nel Nord-Est i contadini stavano diventando padroncini, piccoli imprenditori *cfr.* **scheda 38** .

La Toscana e l'Umbria quindi hanno avuto un'industrializzazione più lenta e soprattutto più tarda, quando la sensibilità ambientale stava affermandosi *cfr.* **scheda 36** e questo ha salvato in parte il paesaggio e l'ambiente (anche se pure in Toscana e Umbria alcune valli sono distrutte dalle aree industriali). L'effetto maggiore della lentezza nell'industrializzazione è stata la sopravvivenza delle tradizioni: oggi la ricchezza di queste regioni arriva dalla produzione in grande quantità di prodotti tradizionali, dal pellame al cibo, dagli oggetti in ferro a quelli in ceramica – e dal grande, enorme patrimonio artistico e paesaggistico che attrae sia milioni di turisti nelle città d'arte (Firenze, Pisa, Perugia, Siena, Assisi, Orvieto, Volterra…), sia migliaia e migliaia di turisti ricchissimi che hanno comprato e restaurato le vecchie case dei contadini nella campagna più dolce del mondo (nelle due foto vedi Sant'Antimo, nella Toscana del Sud, e la campagna senese)!

Le Marche hanno una realtà differente: la povertà qui era molto più forte, il fatto di appartenere allo Stato della Chiesa ha spostato per secoli i marchigiani verso Roma, e quindi mancava una tradizione imprenditoriale, che solo recentemente si è imposta facendo di questa regione, almeno nella sua metà settentrionale, una parte indiscutibile del Nord-Est, inteso come modello economico.

In questi anni, tuttavia, le Marche hanno avuto la stessa evoluzione delle altre due regioni di questa scheda, e quindi ora tutta questa fascia d'Italia che separa il Nord dal Centro-Sud è omogenea – per quanto ci possa essere omogeneità in Italia anche tra due comuni confinanti…

- **nutrire:** dare da mangiare.
- **imprenditore:** persona che per professione ha un'attività economica per la produzione e scambio di merci o servizi.
- **affermarsi:** diventare importante, influente, famoso.
- **pellame:** tutti gli oggetti e i vestiti fatti di pelle.
- **indiscutibile:** che non si può discutere, contraddire, negare.

Il Centro- I
(I luoghi degli italiani)

PRIMO CONTATTO

1. Pensaci! Scrivi su un foglio tutte le parole, le idee, le informazioni o i ricordi che associ a una di queste regioni italiane: Umbria, Toscana o Marche. Confrontati poi con i compagni su quello che avete scritto: ci sono dei punti in comune?

2. Fatti un'idea! Leggi il testo e scrivi il maggior numero di differenze tra la storia socio-economica di Toscana ed Umbria e quella delle Marche.

3. Cerca nel testo! Dopo aver letto nuovamente la scheda, forma delle frasi collegando le parti della colonna A con quelle della colonna B.

A	B
1. Nel secondo dopoguerra	a. è mancata per molti anni l'imprenditoria.
2. L'Umbria e la Toscana	b. è stata molto lenta al centro Italia.
3. Nelle Marche	c. è stato protetto perché l'industrializzazione è arrivata tardi.
4. Attualmente le Marche	d. i problemi della povertà erano meno forti in Toscana e in Umbria.
5. L'industrializzazione	e. si possono considerare parte del modello del Nord-Est.
6. Il paesaggio toscano e umbro	f. sono famose per la produzione di pellame.

OLTRE IL TESTO

4. Gioca con le parole! In questo testo si è parlato del processo di industrializzazione. In queste liste di parole legate all'industria e al lavoro nelle fabbriche c'è sempre una parola che non c'entra. Trovala e motiva la tua risposta!

a. TESSILE, PETROLCHIMICA, ECONOMICA, FARMACEUTICA, METALLURGICA, ALIMENTARE, AEROSPAZIALE, AGRICOLA, ELETTRONICA, MECCANICA.

b. CACCIAVITE, FERRO, CHIAVE INGLESE, MARTELLO, PINZA, TENAGLIA, SEGA, BULLONE, CHIODO, VITE.

c. SALDARE, AVVITARE, MONTARE, VERNICIARE, FISSARE, TAGLIARE, SMONTARE, APPARECCHIARE, SVITARE, INCOLLARE.

Anche o pure?

Osserva:
Pure in Toscana e Umbria alcune valli sono distrutte dalle aree industriali.

In questa frase trovi la congiunzione *pure*, che ha lo stesso significato di *anche*.
Nel Nord Italia si preferisce la forma *anche*, mentre al Centro Sud si preferisce *pure*.

Ora osserva, però, il seguente caso:
Fai pure come se fossi a casa tua!
In questo esempio *pure* non è sinonimo di *anche*, ma serve a rafforzare quello che si sta dicendo.

La cartina che vedi nella pagina a fronte va integrata: del Centro-Sud fa parte anche una sezione del Molise, la piccola regione che vedi subito sotto l'Abruzzo, sull'Adriatico: la sua metà occidentale è molto legata al Lazio – e la foto che trovi qui sotto viene proprio da una città molisana collocata lungo l'antichissimo "tratturo" pre-romano: una strada a mezza costa che andava dall'Appennino Romagnolo, quindi dalla Pianura Padana, fino all'estremo Sud, a Potenza. Ogni ventina di chilometri, quelli che si potevano percorrere in una giornata di cammino, si trovava una città dove riposarsi e andare a un teatro come quello di Saepinum, che vedi in questa foto.

Questa parte del Centro Italia, rurale e agricola, è rimasta per oltre mille anni sotto il potere dei Papi e poi, nel caso del Molise, sotto il Re di Spagna: sono zone che sono state sempre sfruttate da padroni lontani che si interessavano solo di raccogliere le tasse. Sono regioni dove il benessere economico sta giungendo ora con la riscoperta delle produzioni artigianali e del turismo di qualità.

La foto sulla pagina a fronte invece ti dà l'altra anima del Centro Italia: quello che vedi è il palazzo del Quirinale. Fino al 1870, quando i Piemontesi conquistano Roma, il Quirinale è sede dei Papi, che non vivevano in Vaticano; quando Roma diventa capitale del Regno d'Italia, il Quirinale diventa la reggia, l'abitazione dei Re d'Italia e, dopo la fine della monarchia nel 1946, l'abitazione del Presidente della Repubblica. Spesso nei giornali puoi leggere "il Quirinale ha fatto sapere..." o altre frasi di questo tipo, il cui significato è "la Presidenza della Repubblica ha fatto sapere..."

E' la Roma del potere, dei ministeri, dell'amministrazione – la capitale politico-amministrativa che parte degli italiani vede come "Roma ladrona", pur senza condividere il separatismo di alcuni movimenti di estrema destra *cfr.* **scheda 32** .

In realtà Roma è anche una città industriale, è una delle capitali mondiali del turismo, il suo prodotto lordo cresce da anni più di quello del resto d'Italia, ma molti continuano a considerarla solo la città dell'amministrazione, della politica, dei mass media, del papato.

• **giungere:** arrivare.
• **ladrone:** letteralmente "grande ladro", chi sfrutta o inganna qualcuno e gli porta via i soldi.

Il Centro-2
(I luoghi degli italiani)

PRIMO CONTATTO

I. Un po' di geografia! Quali regioni fanno parte del Centro-Sud? Qui sotto trovi una lista di regioni italiane. Cerchia solo quelle che fanno parte del Centro-Sud!

Abruzzo	Basilicata	Calabria	Campania
Emilia-Romagna	Friuli-Venezia Giulia	Lazio	Liguria
Lombardia	Marche	Molise	Piemonte
Puglia	Sardegna	Sicilia	Toscana
Trentino-Alto Adige	Umbria	Valle d'Aosta	Veneto

2. Cerca nel testo! Leggi la scheda e rispondi oralmente alle seguenti domande.

a. Perché il Molise si deve considerare parte del Centro-Sud?
b. A livello storico, quali erano le caratteristiche del Centro Italia?
c. Che cos'è il Quirinale e qual è la sua attuale funzione?
d. Cosa significa l'espressione "Roma ladrona"?

3. Gioca con le parole! Leggi le seguenti definizioni e trova nel testo la parola corrispondente.

a _____ : messo in un posto preciso.
b. _____ : fare un percorso a piedi o con un mezzo di trasporto.
c _____ : movimento religioso o politico che desidera l'indipendenza dello stato di cui fa parte, o l'autonomia religiosa, politica, amministrativa.
d. _____ : complesso di palazzi e giardini destinati all'abitazione del re e della famiglia reale.

OLTRE IL TESTO

4. Per saperne di più... Insieme ai tuoi compagni prepara una presentazione sul Centro-Sud d'Italia. Procedete in questo modo:

a. Ognuno di voi sceglie una regione del Centro-Sud e raccoglie informazioni storiche, artistiche, sociali, o culturali al riguardo;
b. Ognuno prepara una relazione orale per i compagni sul materiale raccolto;
c. Decidete poi come mettere insieme il materiale raccolto in maniera coerente e progettate una presentazione globale sul Centro-Sud.

Le due foto ti mostrano i due volti del Sud-Est: in questa pagina hai i "trulli" della zona centrale della Puglia: sono case in cui ogni stanza ha un tetto a cupola, conico, fatto di lastre di pietra, secondo un modello antichissimo – come antichissime sono le case scavate nella roccia a Matera, in Basilicata, e antichissime sono le cattedrali romaniche che **punteggiano** tutta la Puglia. Nella pagina a fronte vedi invece un ponte modernissimo a Potenza, in cui il cemento armato non è solo usato con una funzione di sostegno, ma anche in prospettiva estetica, per fare una scultura.

Questa zona dell'Italia è così: un contrasto enorme tra conservazione e innovazione.

Tranne per qualche fenomeno di malavita nella costa pugliese, legato al **contrabbando** e al traffico di clandestini (dal "tacco" dello stivale l'Albania e i Balcani sono vicinissimi), questa zona del Sud non ha fenomeni come la camorra napoletana *cfr.* **scheda 35** o la mafia siciliana *cfr.* **scheda 43** : quindi è stato più facile attrarre investimenti e in una zona della Basilicata è stato riproposto il modello della piccola industria consorziata in un "distretto", tipico del boom economico del Nord-Est *cfr.* **scheda 38** : è il settore dei divani, delle poltrone, dei mobili da salotto (e non solo), che ha rilanciato con logica industriale la grande tradizione artigianale di queste regioni.

Questa logica moderna interviene anche in altri settori tradizionali, come quello dell'olio d'oliva, del vino, della verdura: qui la terra è **asciutta**, il sole è caldo, e quindi viti, ulivi, ortaggi crescono con un sapore eccezionale, e negli ultimi anni i pugliesi, i lucani (gli abitanti della Basilicata, il cui nome antico era Lucania) e i molisani hanno cominciato a curare i marchi di qualità, ad esportare i loro prodotti e stanno portando benessere ad un'agricoltura che era ridotta alla semplice sopravvivenza.

La Puglia oggi è la prima regione produttrice di vino in Italia!

Accanto a questo rilancio dell'agricoltura, a cui si associa il rilancio dei porti per il traffico merci e soprattutto per i traghetti verso i Balcani, assistiamo ad un **fiorire** di iniziative tecnologicamente avanzatissime, con università che in molti settori raggiungono punte di eccellenza. Ma magari a pochi chilometri di distanza ci sono ancora quartieri e villaggi dove la povertà e la disoccupazione sono fortissime...

• **punteggiare**: essere presente qua e là, in modo discontinuo ma molto frequente.
• **contrabbando**: esportazione e importazione illegale di merci.
• **asciutto**: secco, con pochissima acqua.
• **fiorire**: nascere e diffondersi.

Il Sud-Est

(I luoghi degli italiani)

PRIMO CONTATTO

1. Osserva! **In questa scheda si parlerà del Sud-Est d'Italia. Guardando le immagini a pagg. 84 e 85, puoi intuire quali sono le due principali caratteristiche del Sud-Est? Formula alcune ipotesi discutendone con i compagni.**

2. Fatti un'idea! **Leggi velocemente il testo e sottolinea le parole che meglio esprimono le caratteristiche del Sud-Est.**

Criminalità	Separatismo
Tradizione	Turismo culturale
Crisi economica	Innovazione
Mafia	Immigrazione
Arretratezza	Esportazione
Importazione	Produzione agricola

3. Cerca nel testo! **Dopo aver letto un'altra volta il testo, decidi se queste affermazioni riguardanti il Sud-Est sono VERE o FALSE o NON NEL TESTO.**

a. In Puglia è molto evidente il fenomeno della mafia.   Ⓥ Ⓕ Ⓝ
b. Il Sud-Est italiano ha rilanciato l'artigianato con una logica più moderna.   Ⓥ Ⓕ Ⓝ
c. La ricerca universitaria è di alta qualità in alcuni settori.   Ⓥ Ⓕ Ⓝ
d. Tra i prodotti agricoli più importanti c'è la frutta.   Ⓥ Ⓕ Ⓝ
e. In questa zona c'è il più alto tasso di disoccupazione.   Ⓥ Ⓕ Ⓝ
f. La Lucania corrisponde all'attuale Molise e parte della Basilicata.   Ⓥ Ⓕ Ⓝ

OLTRE IL TESTO

4. Per saperne di più... **In questa scheda si è parlato delle regioni del Sud-Est: Puglia e Basilicata. Scegli uno dei seguenti aspetti e cerca in internet informazioni riguardanti questi aspetti della Puglia e della Basilicata. Organizza poi le informazioni raccolte e presentale alla classe.**

a. Eventi culturali
b. Turismo
c. Sviluppo economico
d. Tradizioni popolari

Gli aggettivi indefiniti invariabili

Osserva:
Tranne per qualche fenomeno di malavita nella costa pugliese, questa zona del Sud non ha fenomeni mafiosi.

Qualche è un aggettivo indefinito, che indica cioè persone o cose non specifiche.
Qualche si usa solamente al singolare ed è un aggettivo invariabile, che cioè non si deve accordare con il nome a cui si riferisce.
Sono aggettivi indefiniti invariabili e sempre singolari anche: *qualsiasi, qualunque, ogni.*

Anche se la cartina separa queste due regioni, la Campania e la Calabria, devi considerare come parte del Sud-Ovest anche la zona della Basilicata (o Lucania) che è sul Mar Tirreno.

In passato questa zona era ricchissima - come ti dimostra la statua ripescata da una nave *naufragata* a Riace, in Calabria, alcuni secoli avanti Cristo: solo dove c'era ricchezza si potevano investire capitali per far venire una stata dalla Grecia. Qui infatti c'erano colonie greche potentissime, e la loro ricchezza non sparì con l'Impero Romano - anzi, tutti i ricchi romani avevano le loro ville in Campania, nella zona di Napoli.

Poi queste terre divennero il secolare campo di battaglia tra l'Impero Bizantino e i barbari che avevano invaso l'Italia dal quinto secolo in poi: le coltivazioni furono distrutte, le città abbandonate, la popolazione ridotta al minimo; c'è un momento di *splendore* con Federico II, alla metà del Duecento, ma poi queste regioni diventarono colonie periferiche del Regno di Spagna, che le sfrutta per secoli.

Nel Settecento Napoli tornò ad essere una grande capitale cfr. **scheda 35**, ma con l'unità d'Italia, nel 1861, queste regioni diventarono solo un serbatoio di braccia per l'esercito, per la burocrazia e, nel Novecento, per le industrie di Milano e Torino cfr. **scheda 37** — e chi non andava al Nord emigrava in Argentina, Canada, Australia: è da queste zone che proviene la maggior parte degli emigranti che hanno sparso i nostri cognomi in tutto il mondo.

Oggi la situazione non consente lo stesso ottimismo che si può nutrire per regioni del Sud affacciate sul Mare Adriatico cfr. **scheda 41**. Qui la criminalità organizzata ("camorra" nel napoletano, "ndràngheta" in Calabria) è ancora forte e fa fuggire gli investitori; una politica seria di turismo di qualità, che può portare molto benessere, sta nascendo solo ora, ma per decenni le coste bellissime e i templi greci e romani sono stati lasciati a se stessi.

Tuttavia ci sono iniziative industriali forti, sostenute anche con finanziamenti europei: ad esempio, a Gioia Tauro, sulla costa tirrenica della Calabria, sta nascendo il più importante interporto del Mediterraneo: le navi dalla Cina o dall'India scaricano qui tutti i container per i vari paesi d'Europa, e qui essi vengono suddivisi e caricati su navi dirette ai singoli porti europei.

- **naufragio:** distruzione, rottura di una nave, che di conseguenza cade in fondo al mare.
- **splendore:** momento di massima potenza, fama, vitalità economica, artistica e culturale.
- **serbatoio:** contenitore per liquidi e gas, usato per la loro conservazione e uso (ad esempio, nei mezzi di trasporto).

Il Sud-Ovest
(I luoghi degli italiani)

PRIMO CONTATTO

1. Osserva! **Guarda la statua raffigurata in questa pagina. La conosci? Sai dov'è stata trovata? Quali notizie sai sulla sua storia? Discutine con i compagni e, anche se non conoscete la statua, fate delle ipotesi.**

2. Fatti un'idea! **Leggi velocemente il testo e segna con una crocetta gli argomenti principali di cui parla.**

- ☐ storia dell'arte italiana
- ☐ storia del Sud-Est d'Italia
- ☐ storia del Sud-Ovest d'Italia
- ☐ commercio estero
- ☐ colonialismo
- ☐ problemi sociali
- ☐ problemi politici
- ☐ industrializzazione

3. Cerca nel testo! **Dopo aver letto con più attenzione il testo, metti in ordine questi eventi storici del Sud-Ovest italiano e scrivi accanto ad ogni evento il periodo in cui è accaduto.**

a. Dominazione spagnola

_____

b. Emigrazione

_____

c. Rinascita economica e culturale sotto Federico II

_____

d. Momento di massima potenza per Napoli

_____

e. Colonialismo greco

_____

f. Scontro tra Impero Bizantino e barbari

ORDINE CORRETTO: _____

OLTRE IL TESTO

4. Racconta! **Esiste anche nel tuo paese una regione meno ricca? Quali sono le ragioni storiche che hanno portato a queste differenze economiche? Quali possibilità potrebbero esserci per cambiare la situazione?**

I pronomi personali soggetto nella lingua scritta e orale

Osserva:

Le navi scaricano tutti i container e qui essi vengono caricati su navi dirette ai porti europei.

In questo esempio notiamo un pronome personale soggetto poco usato nella lingua parlata. E' il pronome di terza persona plurale *essi*. Nell'italiano parlato comunemente c'è un fenomeno di riduzione del sistema pronominale. Nell'italiano standard i pronomi di terza persona soggetto sono: *esso, essa, essi, esse* (per le cose); *egli, ella, essi, esse* (per le persone). E' iniziato però negli ultimi anni un processo di semplificazione per cui si usano i pronomi personali oggetto (*lui, lei, loro*) anche con funzione di soggetto. Questo uso dei pronomi oggetto è possibile sono in contesto informale, sia orale sia scritto.

- **ventoso:** con molto vento.
- **primizia:** 1) frutto, ortaggio, fiore che è cresciuto presto; 2) prodotto di ottima qualità.
- **riprendere lo slancio:** ripartire, trovare nuove forze e stimoli per ricominciare un'attività.
- **sodo:** duramente, con continuità e impegno.

Le due isole maggiori vengono tradizionalmente considerate come un'entità a sé, ma sono due mondi differenti... anche se le due foto che vedi in queste pagine potrebbero venire dall'estate sarda o da quella siciliana: i muri a secco che vedi sopra sono fatti usando i sassi che vengono tolti dal terreno per ottenere delle piccole aree da coltivare; trattandosi di isole molto ventose, questi muretti a secco servono anche a proteggere la terra; nella pagina a fronte vedi un "fico d'india" – ma le "Indie" da cui viene il nome erano in realtà l'America. E' un tipico cactus messicano che ha trovato un habitat perfetto nel sud d'Italia, e da qualche anno è nata una vera industria del fico d'india, che viene esportato in tutta Italia portando benessere ai contadini siciliani, che sono già specializzati in primizie ed in ortaggi dal sapore meraviglioso.

Una terra secca come quella siciliana è perfetta per il vino e per l'olio d'oliva – e la Sicilia in pochi anni è diventata la seconda regione italiana nella produzione di vino, di qualità sempre migliore e quindi esportabile con successo economico. Tuttavia, il problema economico è drammatico in questa grande e popolosa isola, segnata da secoli di occupazione araba, normanna, spagnola. Emigrazione, mafia, disastro ambientale hanno fatto il resto, ed ora la Sicilia sta lottando per riprendere lo slancio e restare unita all'Europa sul piano socio-economico.

La Sardegna ha tutt'altra storia: il popolo sardo ha subìto molta occupazione straniera e ha reagito chiudendosi, lavorando sodo, rassegnandosi alla povertà – che fino all'arrivo del turismo e di alcune industrie avanzate era davvero una povertà infinita. Pensa che al momento dell'unificazione dell'Italia, nel 1861, circa il 90% della popolazione era analfabeta!
La situazione sta cambiando molto rapidamente, anche perché due ottime università forniscono personale preparato alle industrie che vogliono investire; inoltre, le migliorate possibilità di trasporto marittimo via container stanno rilanciando i porti di quest'isola che è a un giorno di nave dall'Italia, dalla Francia, dalla Spagna e dall'Africa.

Le isole

(I luoghi degli italiani)

PRIMO CONTATTO

1. Pensaci! **Quando pensi alla Sicilia quali idee ti vengono in mente? Completa lo schema e discutine con i compagni.**

SICILIA

2. Cerca nel testo! **Leggi il testo e confronta la storia e la situazione attuale della Sicilia e della Sardegna. Ci sono aspetti in comune? Quali sono le principali diversità? Inserisci queste informazioni nella tabella.**

SICILIA E SARDEGNA	
SOMIGLIANZE	DIFFERENZE

3. Gioca con le parole! **Che cosa significano queste parole? Senza usare il dizionario, prova a fare delle ipotesi insieme ai compagni e scrivete una possibile definizione. Controllate poi nel dizionario se le vostre ipotesi erano corrette.**

a. Subire: _____

b. Fornire: _____

c. Popoloso: _____

OLTRE IL TESTO

4. Discutiamo! **Nelle ultime tre schede si è parlato del Sud Italia. Quale idea avevi del Sud Italia prima di leggerle? Che idea ti sei fatto ora? Che cosa hai imparato di nuovo? Discutine con la classe.**

Da dove veniamo

Civiltà Italia

Tutti nel mondo sanno che l'Italia è stata al centro di molta parte della storia antica e poi, mille anni dopo, di quella europea.

Ma spesso questa conoscenza è più che altro una sensazione, una di quelle cose che tutti sanno ma che poi non si conosce in maniera un po' organizzata, razionale.

In questa sezione di presentiamo sette schede su sette periodi chiave di 2800 anni di storia italiana, dagli Etruschi ai Latini e ai Greci, fino alla nuova realtà italiana del XXI secolo, che è fatta anche di tre milioni di immigrati.

- **sorgere:** nascere (riferito a città, palazzi, monumenti).
- **balbettante:** che ha difficoltà a parlare e ripete più volte la stessa sillaba di una parola.
- **spezzare:** dividere con violenza in due o più parti.

In questa pagina vedi un tempio greco di Paestun, a sud di Napoli.

L'Italia del Sud, infatti, fu la cosiddetta *Magna Graecia*, cioè la Grande Grecia, dove vennero fondate le principali colonie di quel popolo: la prima fu sull'isola d'Ischia, di fronte a Napoli, nell'ottavo secolo avanti Cristo; la più importante – e per un periodo vera superpotenza del Mediterraneo – fu Siracusa, in Sicilia. Nel Sud si continuò a parlare greco fino ai primi secoli dopo Cristo. L'eredità greca è ancora ben visibile sotto forma di templi, teatri, statue.

Nella pagina di fronte trovi una testina in vetro (il che dimostra una tecnologia altissima) prodotta in Sardegna dall'altra grande potenza Mediterranea, Cartagine, che sorgeva vicino all'attuale Tunisi. I cartaginesi erano una colonia del popolo fenicio, che viveva nell'attuale Libano, ed avevano conquistato anche parte dell'Italia del sud e della Sicilia, nonché la Sardegna... ma sulla loro strada trovarono la maggior potenza della storia antica, Roma, che stava crescendo proprio nei due secoli prima di Cristo. Dopo tre lunghe guerre Roma distrusse Cartagine e conquistò, subito dopo, la Grecia, l'attuale Turchia, e poi tutto il Nord Africa: il Mediterraneo era un "lago" romano, e l'impero si estendeva dall'Inghilterra all'Iraq.

Per cinque secoli Roma domina e l'Italia cresce con le tasse che vengono dalle province: le città italiane diventano bellissime, il benessere si diffonde – ma poi l'impero diventa troppo grande e quindi diventa difficile e costoso difenderlo.

Lentamente, a partire dal terzo secolo, popolazioni barbare (in greco "popoli balbettanti", perché parlavano una lingua sconosciuta) arrivano dall'Asia e dal Nord Europa, e lentamente distruggono l'impero, che si spezza in due: l'occidente, con capitale a Milano, viene conquistato e nascono vari regni barbarici in Italia: quello dei Goti, dei Longobardi, ecc.; mentre la parte orientale dell'impero sopravvive ed ha come capitale Costantinopoli, l'attuale Istanbul. Il Sud Italia e tutta la costa padano-veneta rimangono legate all'impero bizantino (dall'antico nome di Costantinopoli: Bisanzio).

Tra il 500 e il 1000 nascono le differenziazioni che ancor oggi troviamo tra le diverse regioni italiane, che in quei secoli sono in mano a dominatori stranieri di diversa provenienza.

Etruschi, Greci, Romani, Barbari
(Da dove veniamo?)

PRIMO CONTATTO

1. Osserva! Conosci la costruzione rappresentata nell'immagine a pagina 100? Dove si trova? A quale civiltà appartiene? Quali erano le sue funzioni?

2. Cerca nel testo! Dopo aver letto il testo, riordina gli eventi storici di cui si è parlato.

a. L'impero romano si divide in due parti
b. Roma sconfigge Cartagine
c. Arrivano in Italia le prime popolazioni barbariche
d. Viene fondata Ischia
e. L'Italia è divisa in stati autonomi governati da dominatori stranieri
f. Roma conquista la Grecia
g. Nascono in Occidente i regni germanici
h. L'impero romano si diffonde in tutto il mediterraneo

ORDINE CORRETTO _____

3. Cerca nel testo! Trova nel testo i sinonimi delle seguenti parole.

a. Impadronirsi _____

b. Dividersi _____

c. Divenire _____

d. Poco a poco _____

OLTRE IL TESTO

4. Per saperne di più… Quali sono i monumenti, i palazzi e le opere d'arte più famose che testimoniano l'influenza greca nel Sud Italia? Cerca immagini e fotografie, raccogli informazioni storiche, e fai una relazione alla classe.

_____
_____
_____

Il passato remoto

Osserva:

L'Italia del Sud, infatti, fu la cosiddetta Magna Graecia, cioè la Grande Grecia, dove vennero fondate le principali colonie di quel popolo.

Come il passato prossimo, il passato remoto esprime un'azione conclusa nel passato, senza alcuna relazione con il presente.
Il passato remoto si trova più spesso nella lingua scritta, nei romanzi, nei libri di storia, mentre il passato prossimo è più utilizzato nella lingua parlata.
Nell'Italia settentrionale e centrale si ha la tendenza ad utilizzare esclusivamente il passato prossimo. Il contrario avviene nell'Italia meridionale.

Il Medio Evo (che significa "l'età di mezzo") va dalla caduta di Roma nel quinto secolo fino al quattordicesimo secolo: è un periodo lunghissimo in cui l'Italia, la superpotenza mondiale dei secoli precedenti, va in rovina: le strade si distruggono; le grandi opere di bonifica si interrano e le paludi dilagano; la popolazione, lasciata alla fame e alla peste, si dimezza; Roma si riduce a un villaggio, più volte saccheggiato dai barbari.

Ma introno al Mille le cose cominciano a cambiare: Venezia, Genova, Amalfi e Pisa, le repubbliche marinare *cfr.* **scheda 33** riaprono i traffici tra Europa e le due altre potenze, i bizantini e gli arabi; la ricchezza torna nei "borghi", nelle città dove nasce una nuova classe, la "borghesia", composta di mercanti (il più famoso è Marco Polo, che raggiunge la Cina) e di banchieri, che finanziano i regni che stanno affermandosi in Europa.

L'Italia è un mosaico di città autonome, dette comuni, dove spesso alcune famiglie si combattono ferocemente per il dominio, fino a trasformarsi nei principati che finanzieranno il Rinascimento *cfr.* **scheda 46** .

Le foto sono importanti per mostrare i due tipi di città che si affermano nel Medio Evo.

In alto a sinistra vedi Lucca, in Toscana: la piazza centrale è costruita sull'arena, il "colosseo" della città romana di mille anni prima. Molte città nascono infatti sulla base di antiche località romane e ne utilizzano i materiali per costruire i palazzi e, soprattutto, le enormi mura con le quali si difendono dai comuni rivali.

L'altra foto ti mostra un altro modo di difendersi: si costruisce su una collina, in modo da non dover temere troppo gli assalti di altri comuni.

Nella pagina a fronte vedi un ritratto di San Francesco, opera del primo grande artista italiano, Giotto: in questi secoli si afferma il monachesimo, cioè il fenomeno per cui molte persone abbandonano le ricchezze del mondo e si ritirano a pregare in convento: l'Italia è ancor oggi piena di monasteri ed abbazie medievali!

andare in rovina: perdere la propria potenza.
saccheggiare: rubare in tutte le case di un paese e poi distruggerle.
affermarsi: diventare importante e potente.
temere: avere paura.

Il Medio Evo
(Da dove veniamo)

PRIMO CONTATTO

1. Pensaci! **Scrivi tutte le parole che ti vengono in mente pensando al Medioevo. Poi confrontati con i compagni e con l'insegnante e spiega perché hai scelto quelle parole.**

2. Fatti un'idea! **Dopo aver letto una prima volta il testo, confronta le informazioni che hai letto con le parole dell'esercizio precedente. Quali concetti hai ritrovato nel testo? Quali invece non sono presenti. Discutine con la classe.**

3. Cerca nel testo! **Completa le frasi con le informazioni che hai letto nella scheda.**

a. Il Medioevo dura

_____

b. E' un periodo storico difficile perché

_____

_____

_____

c. In questa epoca si diffonde il Monachesimo; molte persone

_____

_____

_____

4. Cerca nel testo! **Osservando le foto e rileggendo attentamente il testo, descrivi oralmente la tipica struttura delle città medievali.**

OLTRE IL TESTO

5. Racconta. **In questa scheda si è parlato del Medioevo in Italia. Cosa succedeva nello stesso periodo negli altri paesi? Costruisci un breve questionario e poi intervista i tuoi compagni, chiedendo ad esempio:**

a. Durante il periodo del Medioevo quale era la situazione nel tuo paese?
b. C'erano popoli dominatori?
c. Esisteva il Monachesimo anche nel tuo paese?
d. Quali furono gli eventi storici principali?

Dopo aver intervistato alcuni compagni, racconta alla classe le risposte che hai raccolto.

Parole con la lettera iniziale maiuscola

Il Medio Evo va dalla caduta di Roma nel quinto secolo fino al quattordicesimo secolo.

Si usa l'iniziale maiuscola per tutto ciò che ha valore di nome proprio, come ad esempio:
* soprannomi e pseudonimi: il Re Sole, il Beato Angelico, il Grande Tessitore;
* nomi di secoli e periodi storici: il Giurassico, l'Ottocento, il Rinascimento, gli anni Venti, il Medioevo, la Controriforma;
* la prima parola dei nomi ufficiali di partiti: Partito comunista italiano, Partito laburista.

Si usa l'iniziale maiuscola anche con i seguenti nomi, per distinguerli dai loro omografi:
* Stato vs. stato;
* Tesoro (ministero) vs. tesoro;
* Legge (facoltà universitaria) vs. legge;
* Chiesa (religione) vs. chiesa.

In questa pagina vedi tre **ritratti**: Leonardo, Raffaello, Michelangelo: ti ricordano che il Rinascimento, il secondo momento di massima potenza italiana dopo i secoli di Roma, fu un periodo di ricchezza che trasformò il nostro paese in un immenso cantiere artistico: si costruirono migliaia di palazzi, si abbellirono castelli e chiese – e dappertutto vennero collocati quadri e sculture che segnano la rinascita dell'arte dopo i secoli del Medio Evo cfr. **scheda 46**. I nomi dei principi italiani del Quattro-Cinquecento sono noti in tutta Europa: i Medici di Firenze, gli Este a Ferrara, i Gonzaga a Mantova, i Visconti e gli Sforza a Milano. Solo Venezia continua ad essere un repubblica.

In queste pagine trovi anche tre opere d'arte **significative**. Il disegno in alto è "L'uomo vitruviano" di Leonardo, studio della perfezione delle proporzioni umane: il Rinascimento vuole riscoprire la perfezione e mette l'uomo al centro di tutto. E l'uomo è visto sia come ideale, come gioco di proporzioni inserito nelle due forme perfette (il quadrato e il cerchio), sia come bellezza fisica, come corpo da mostrare e non più da nascondere: l'affresco di Michelangelo mostra questa attenzione alla bellezza del corpo. Il ritratto nella pagina a fronte "Uomo con medaglia" di Botticelli è importante per un'altra ragione: nel Rinascimento rinasce l'arte del ritratto perfetto, che raffigura l'uomo vero, con il suo viso, anche se non è bello: l'uomo, la persona umana è al centro di tutto.

In questi secoli, tra il 1400 e il 1600, l'Italia è ricchissima, i mercanti e i banchieri italiani dominano i commerci e la finanza europea – ma è già iniziato il declino: in Medio Oriente si affermano i Turchi, che creano l'impero Ottomano e rendono difficile il ruolo italiano di punto d'incontro tra Asia ed Europa; nel 1492 viene scoperta la **rotta** per l'America, e le nazioni europee investono i loro fondi per creare i loro imperi coloniali. Viene quindi lentamente a cadere il ruolo centrale dell'Italia sia come patria dei mercanti, sia come produttrice di beni artistici, di tessuti, di gioielli, che venivano venduti alle corti europee. Alla fine del Cinquecento l'Italia è in gran parte in mano alle potenze straniere, che la considerano spesso come una qualsiasi colonia da sfruttare.

• **ritratto**: opera d'arte che rappresenta una figura umana.
• **significativo**: importante e indicativo.
• **rotta**: percorso verso un punto preciso.

Il Rinascimento
(Da dove veniamo)

PRIMO CONTATTO

1. Osserva! **Nelle immagini a pagg. 104 e 105 sono rappresentati tre importanti personaggi del Rinascimento. Chi sono?
Cosa sai sulla loro vita e le loro opere?
Condividi le tue conoscenze con quelle dei compagni.**

2. Pensaci! **Dopo aver letto velocemente la scheda, rifletti sul termine Rinascimento. Cosa significa questa parola? In che senso l'Italia rinasce culturalmente in questa epoca? Discutine con i compagni.**

3. Cerca nel testo! **Rileggi attentamente il testo e decidi se queste affermazioni sono vere o false.**

a. "L'uomo vitruviano" rappresenta il corpo fisicamente ed esteticamente perfetto.
b. Il Rinascimento mette al centro di tutto la natura.
c. Nel periodo rinascimentale la povertà in Italia aumenta.
d. La scoperta dell'America fa perdere all'Italia la sua centralità artistica.
e. Dopo il Rinascimento le potenze straniere conquistano gran parte dell'Italia.
f. I Visconti sono i governanti della repubblica milanese.
g. L'arte rinascimentale rappresenta sempre la bellezza fisica.
h. Fino alla fine del 1400 l'Italia aveva un grande ruolo commerciale.

OLTRE IL TESTO

4. Racconta! **Pensa ad un artista della tua cultura che è vissuto negli anni del Rinascimento italiano. Raccogli informazioni sulla sua poetica, sulle sue opere, sul suo pensiero, e confrontale con la poetica di Leonardo, Raffaello e Michelangelo. Ci sono aspetti comuni? Quali sono le principali differenze?
Secondo te queste somiglianze o differenze possono avere un'origine storica?
Qual era la situazione storica del tuo paese in quel periodo?**

Forme regolari del passato remoto
In questa scheda hai trovato molte forme del passato remoto. Riassumiamole qui sotto.

Conquistare
conquist – a – i
conquist – a – sti
conquist – ò
conquist – a – mmo
conquist – a – ste
conquist – a – rono
Credere
cred – e – i (credetti)
cred – e – sti
cred – è (credette)
cred – e – mmo
cred – e – ste
cred – e – rono (credettero)
Costruire
costru – i – i
costru – i – sti
costru – ì
costru – i – mmo
costru – i – ste
costru – i – rono

In alto vedi ritratto di Medusa (la dea greca il cui sguardo impietriva gli uomini) di Caravaggio: è un quadro barocco che simboleggia bene la disperazione del Sei-Settecento, quando ormai la crisi italiana è evidente: l'enorme inflazione dovuta all'oro venuto dall'America ha distrutto l'economia italiana basata sulla produzione di beni di lusso *cfr.* **scheda 46** , i Turchi dominano il mediterraneo Orientale e le nuove rotte attraversano l'Atlantico, non più il Mediterraneo. I quadri rinascimentali mostravano la bellezza del corpo armonioso, forte, ma nel Seicento l'arte barocca ritrae spesso la deformità, il vecchio – e un senso di vecchiaia, di fine, domina l'arte, la letteratura, il teatro.

L'Italia è in gran parte in mano a potenze straniere, soprattutto la Spagna, che la sfrutta brutalmente; nell'Italia centrale si rafforza lo Stato della Chiesa, ma anche la Chiesa vive un momento drammatico, dopo la Riforma protestante del Cinquecento: il mondo cattolico è in piena controriforma, dominato dall'Inquisizione (la struttura della Chiesa che condanna gli "eretici", cioè chiunque abbia idee diverse da quelle ufficiali); la popolazione diminuisce di un terzo ad opera delle grandi ondate di peste.

Alcune città continuano ad arricchirsi, soprattutto Roma e le altre città dominate dalla Chiesa; ma nel Settecento Napoli riprende l'autonomia dalla Spagna e rinasce *cfr.* **scheda 35** , come pure Milano: ma sono isole felici, che non possono nascondere la crisi e la miseria estrema, soprattutto al Sud.

Nella seconda parte del Settecento la crisi economica sembra superata, ma alla fine del secolo compare il ciclone Napoleone (ritratto nella pagina a fronte), che si impadronisce di gran parte della penisola e mette fine alla più duratura repubblica della storia, Venezia, vendendola all'Austria come se fosse una sua proprietà.
Alla fine delle guerre napoleoniche l'Italia è sfinita, rinascono i vecchi principati e ducati, ma la Lombardia e i territori veneziani rimangono saldamente in mano agli austriaci.

• impietrire: trasformare in pietra.
• lusso: ricchezza mostrata apertamente.
• duraturo: che dura molto tempo.

La grande crisi
(Da dove veniamo)

PRIMO CONTATTO

1. Osserva! **Il dipinto che vedi in alto a pag. 106 è di Caravaggio, un famoso pittore del '600. Quali sensazioni provoca in te questo quadro? Confrontalo con i dipinti a pagg. 104 e 105. Cosa noti di diverso nello stile? Quale messaggio comunicavano quei dipinti e quale messaggio comunica l'opera di Caravaggio?**

2. Fatti un'idea! **Dopo aver letto velocemente la scheda, sottolinea le parole che meglio descrivono il '600 e il '700.**

Declino	Prosperità
Povertà	Immaginazione
Creatività	Distruzione
Malattia	Guerra
Benessere	Miseria
Criminalità	Siccità
Sottomissione	Bellezza
Arricchimento	Armonia
Spiritualità	Protesta

3. Cerca nel testo! **Rispondi oralmente alle seguenti domande.**

a. Quali fattori determinano la crisi economica italiana dopo il Rinascimento?
b. Perché questo è un momento difficile per la Chiesa?
c. In quali città la crisi è meno forte?
d. Cosa succede in Italia dopo l'arrivo di Napoleone?

OLTRE IL TESTO

4. Immagina! **E se in quell'epoca ci fosse stata la televisione?**
Immagina di essere un giornalista televisivo che vive nell'epoca dell'arrivo di Napoleone in Italia. Devi progettare l'edizione speciale del telegiornale, pensando a quali notizie dare e a come costruire i servizi.
La parte più importante del telegiornale sarà proprio un'intervista esclusiva a Napoleone Bonaparte. Pensa ad una serie di domande che vorresti fargli! Ecco alcuni suggerimenti:

a. Con quale intento è arrivato in Italia?
b. Cosa pensa di questo paese?
c. Per quale ragione ha venduto Venezia agli austriaci?
d. Non si è mai pentito delle sue scelte?

"Risorgimento" indica il movimento italiano per "risorgere" dall'occupazione straniera e dalle divisioni: poco dopo la caduta di Napoleone, nel 1821, iniziano dei movimenti rivoluzionari ("moti") guidati dalla borghesia, che vuole l'unità d'Italia, e tra il 1848 e il 1859 si combattono ben due guerre contro gli austriaci, sotto la guida dei Duchi di Savoia e con l'aiuto dei francesi, cui i Savoia sono legati da secoli di storia, visto che il loro stato (Piemonte, Liguria fino a Nizza, la regione francese confinante con la Val d'Aosta) confina con il Regno di Francia.

In queste pagine trovi il ritratto di Giuseppe Garibaldi e un quadro che riproduce l'assalto dei "Mille", il gruppetto di soldati di ogni parte d'Italia con cui nel 1860 il generale piemontese conquistò la Sicilia e il regno di Napoli, per poi consegnarli a Vittorio Emanuele II di Savoia, che creò il Regno d'Italia nel 1861. Ma il processo del Risorgimento non si conclude con il 1861: Venezia verrà riconquistata agli austriaci solo nel 1866, e Trento e Trieste diverranno italiane solo dopo la Prima Guerra Mondiale, nel 1918.

Si conclude così un periodo di 1500 anni di separazione tra le regioni e le città italiane – periodo che lascia il suo segno nei diversi dialetti, nelle varietà linguistiche e culturali che ancor oggi troviamo tra le varie regioni.

Creato il Regno d'Italia, i vari governi iniziano la ricostruzione dell'Italia, uscita distrutta dalla grande crisi dei secoli precedenti. Le due linee politiche principali sono:

- la lotta all'analfabetismo e ai dialetti: nel 1861 solo il 2,5% della popolazione (tolti i toscani e i romani) capivano l'italiano! Non si poteva immaginare un regno unitario, una burocrazia comune, un mercato unico, un esercito composto da persone che non si capivano; molti degli emigrati – e furono milioni, tale era la povertà – degli anni 1880-1915 non conoscevano l'italiano per cui hanno portato in tutto il mondo i loro dialetti;
- la costruzioni di strade e ferrovie per creare le condizioni di un rilancio economico, per consentire alle merci del Nord di raggiungere il Sud e ai prodotti agricoli del Meridione di raggiungere il Nord.

- assalto: attacco.
- divenire: diventare.
- analfabetismo: fenomeno sociale per cui una percentuale di persone non sa leggere e scrivere.

Il secolo dell'Unità
(Da dove veniamo)

PRIMO CONTATTO

1. Usa la memoria! In questa scheda parleremo della storia d'Italia nella seconda metà dell'Ottocento. Per capire meglio questo periodo storico, insieme ai compagni cerca di ricordare: qual era la situazione politica a livello europeo?
Quali erano gli stati più forti?
Quali erano gli eventi storici principali?

2. Cerca nel testo! Dopo aver letto la scheda, collega le date agli eventi storici.

A	B
1. Guerra contro l'Austria	a) 1866
2. Annessione di Venezia	b) 1848
3. Unificazione dell'Italia	c) 1918
4. Annessione di Trieste e Trento	d) 1861
5. Impresa dei Mille	e) 1860

3. Cerca nel testo! Un famoso politico italiano dell'800, **Camillo Benso di Cavour**, dopo l'Unità d'Italia disse:

"Abbiamo fatto l'Italia. Ora bisogna fare gli italiani".

Cosa significa esattamente questa frase? Leggi con più attenzione il testo per capirne il senso e spiegalo oralmente.

OLTRE IL TESTO

4. Per saperne di più... **Quanto diffusi sono oggi i dialetti italiani? Quali sono le regioni dove si parlano di più? In quali contesti si usano i dialetti?**
Cerca di rispondere a queste domande cercando notizie in internet o, se ne hai la possibilità, intervista direttamente madrelingua italiani e chiedi loro se e quanto usano il dialetto.

Uso degli articoli con le date

Osserva:

Tra il 1948 e il 1859 si combattono ben due guerre contro gli austriaci.

Gli articoli determinativi si usano sempre con gli anni e le date, a meno che queste non siano precedute dai giorni della settimana.

Il Novecento è un secolo "breve": inizia in realtà con la fine della prima guerra mondiale, nel 1918, e si conclude, per la storia italiana (e non solo), con la caduta del Muro di Berlino (1989) e con la fine della Prima Repubblica, travolta dagli scandali negli anni Novanta – gli anni in cui la storia italiana si lega indissolubilmente a quella europea entrando a far parte dell'area dell'euro.

Le foto che trovi in queste pagine mostrano quattro momenti essenziali di questo secolo:

- la prima foto ritrae Benito Mussolini, il dittatore che governa l'Italia tra le due guerre; da un lato il fascismo costruisce opere pubbliche importanti, completa le infrastrutture – strade, ferrovie, bonifiche; dall'altro isola l'Italia dalla modernità, guarda al passato, al mondo romano, anziché al futuro; il fascismo finisce con la seconda Guerra Mondiale, nel 1945;

 - la seconda foto mostra la cerimonia della firma della costituzione repubblicana, nel 1948: è l'atto fondante della nuova Italia, ed avviene nell'anno in cui il nostro paese sceglie definitivamente di essere tra le democrazie occidentali;

 - la terza foto risale agli anni Sessanta, quelli del miracolo economico italiano – che si costruisce in gran parte sulle braccia dei contadini del Sud che emigrano in Lombardia e Piemonte, dove ci sono le grandi industrie: è la grande trasformazione sociale italiana, da nazione agricola a potenza industriale *cfr.* **scheda 37** ;

 - l'ultima foto ritrae Aldo Moro, che doveva diventare presidente della Repubblica e che fu rapito e ucciso dalle Brigate Rosse nel 1978: sono gli "anni di piombo", segnati dal terrorismo, dai grandi problemi sociali, dalle contestazioni studentesche.

L'assassinio di Moro segna una svolta: gli italiani lasciano da parte le divisioni, per un certo periodo fanno fronte comune contro il terrorismo sconfiggendolo – e una simile unità rinasce negli anni Novanta quando la vecchia classe dirigente viene spazzata via per i fatti di corruzione e per i legami tra politica, affari e, talvolta, mafia, e la nuova Italia si rivolge all'Europa come punto di stabilità e riesce ad entrare nell'area dell'euro.

• travolgere: lett. portare via con forza, sconvolgere.
• indissolubilmente: in maniera forte e duratura.
• spazzare via: eliminare completamente.

Il Novecento
(Da dove veniamo)

PRIMO CONTATTO

1. Pensaci! In questa scheda si parlerà del Novecento italiano. **Pensa a 5 eventi storici, politici, economici o sociali che sono successi in questo secolo in Italia e mettili in ordine di importanza, motivando la tua scelta.**
Confronta poi gli eventi che hai scelto tu con quelli scelti dai compagni. Ci sono eventi a cui tutti hanno pensato?

2. Cerca nel testo! Dopo aver letto la scheda, riassumi gli eventi storici del Novecento italiano nello schema seguente.

a. Anni '40:

_____

b. Anni '60:

_____

c. Anni '70:

_____

d. Anni '90:

_____

3. Gioca con le parole! **Che cosa significano queste parole? Senza usare il dizionario, prova a fare delle ipotesi insieme ai compagni e scrivete una possibile definizione. Controllate poi nel dizionario se le vostre ipotesi erano corrette.**

a. Cerimonia: _____

b. Contestazione: _____

c. Svolta: _____

d. Infrastrutture: _____

OLTRE IL TESTO

4. Racconta! Quali sono gli eventi principali che hanno caratterizzato la storia del tuo paese nel Novecento? Quali sono i personaggi storici più importanti?
Fai una breve relazione critica per i tuoi compagni.

Scheda 50
(Da dove veniamo)

Abbiamo visto *cfr.* **schede 48/49** che la storia italiana dell'ultimo secolo è segnata dall'emigrazione: tra la fine dell'Ottocento e i primi del Novecento sono le regioni più povere – il Sud e il Nord-Est – a perdere milioni di giovani, che emigrano in America; la seconda guerra mondiale (1940-45) trasforma l'Italia in un campo di battaglia tra Alleati e Nazisti, lasciando distruzione e miseria: per alcuni anni, da tutte le regioni parte una nuova **ondata** di emigranti verso l'America, l'Australia e, soprattutto, verso l'Europa del Nord; negli anni Sessanta l'emigrazione è dal Sud al Nord Italia, dove servono braccia per la ricostruzione.
Gli anni Sessanta-Settanta cambiano la realtà italiana: sono gli anni del "miracolo economico", della nascita delle piccole industrie, soprattutto nel Nord-Est, e da paese di emigrazione l'Italia diviene paese di immigrazione.

Gli italiani degli ultimi trent'anni del Novecento sono ricchi, i ragazzi studiano, vanno all'università, e non intendono più fare gli operai o lavorare nelle cucine dei ristoranti, nelle corsie degli ospedali, lungo le strade da pulire, ecc. Dal Nord Africa prima, dall'Europa Orientale dopo la caduta delle repubbliche comuniste, e infine dall'Asia **si riversano** in Italia quasi tre milioni di immigrati, che fanno i lavori più umili e faticosi; alcuni di loro via via si integrano, acquistano negozi, creano piccole imprese, e così via.
Oggi la situazione degli immigrati è contraddittoria: l'integrazione è più facile per coloro che non hanno differenze fisiche visibili (colore della pelle, forma degli occhi, ecc.); ci sono poi le comunità cinesi ed indiane che restano isolate, legate alla loro tradizione, ma che lavorano moltissimo (secondo standard italiani sono al limite dello sfruttamento, della schiavitù) e si inseriscono nel mondo del commercio e dei servizi; infine ci sono le comunità arabe e di altri paesi, costituite spesso solo da giovani uomini che **intendono** restare pochi anni e poi tornare al loro Paese a farsi una famiglia e una vita, e che creano maggiori problemi sociali, anche perché lo scontro tra gli integralisti islamici e l'Occidente li coinvolge anche se non vogliono.
E' nato quindi anche in Italia, come in altri paesi europei, un movimento in qualche modo razzista, la Lega Nord, e vari partiti di Centro-Destra si avvantaggiano dalla paura che gli italiani, soprattutto gli anziani, hanno di questa realtà nuova costituita dagli immigrati di altra razza e religione. (su questi temi vedi anche *cfr.* **schede 03/18**)

* **ondata:** insieme numeroso di persone che si spostano contemporaneamente verso uno stesso luogo.
* **riversarsi:** spostarsi e diffondersi.
* **intendere:** volere, avere intenzione.

Dall'emigrazione all'immigrazione
(Da dove veniamo)

PRIMO CONTATTO

1. **Pensaci! Cosa ti viene in mente quando pensi alle parole Emigrazione e Immigrazione? Discutine con un compagno e completate insieme lo schema**

2. **Cerca nel testo! Com'è cambiata l'Italia nel corso del Novecento? Completa la tabella con le informazioni sull'Italia nella prima metà e nella seconda metà del Novecento.**

STORIA D'ITALIA	
1900-1949	1950-1999

3. **Cerca nel testo! Rispondi oralmente alle seguenti domande.**

a. Dove emigravano gli italiani nella prima metà del '900?
b. Perché l'immigrazione in Italia è considerata contraddittoria?
c. Da quali paesi provengono generalmente gli stranieri in Italia?

OLTRE IL TESTO

4. **Racconta! In questo testo si è parlato dell'emigrazione italiana. Ci sono italiani immigrati nel tuo paese? Da quanto tempo sono lì? Che lavoro fanno? E nel tuo paese è comune il fenomeno dell'emigrazione verso altre nazioni?**

Costruzioni sintattiche marcate

Osserva:
Sono le regioni più povere a perdere milioni di giovani.

Questa frase significa semplicemente:
Le regioni più povere perdono milioni di giovani.
Nell'italiano contemporaneo le costruzioni con:
• verbo essere + che + verbo coniugato
• verbo essere + a + verbo all'infinito
sono definite espressioni marcate, che si usano cioè per sottolineare il significato della frase o di una sua parte.

Economia e società

L'ultima sezione di questo libro ti introduce dell'Italia che produce, che esporta prodotti e idee, che importa energia e lavoratori.

La società e l'economia italiane sono in una fase di profonda evoluzione: il mondo tradizionale dell'import-export italiano è completamente cambiato negli anni Novanta, con la globalizzazione, e l'Italia sta cercando di trovare un nuovo ruolo per restare nel gruppo delle grandi potenze industriali del pianeta, dove tradizionalmente si trova al quinto o sesto posto.

Nelle schede non troverai solo la produzione industriale, ma anche quella immateriale: moda, arte, cinema, ecc., che esportano idee e gusto... e i cui guadagni permettono all'Italia di pagare il petrolio!

- **rendersi conto**: capire, realizzare.
- **inglobare**: mettere insieme elementi diversi per formare un gruppo unico.
- **spezia**: sostanza vegetale secca usata per dare sapore a cibi e bevande.

Le tre foto sono significative: un mercatino, una fabbrica, un negozio, in cui gli immigrati vendono o lavorano. Ma quello che vogliamo farti notare in queste foto non è il tema immigrazione (ne abbiamo parlato in varie schede: *cfr.* **schede 03/18/50**), ma il fatto che questa è la realtà italiana: oltre ai 58 milioni di italiani, ce ne sono oltre 3 di stranieri che lavorano, producono, commerciano.

E' l'*economia*, oltre alla *società*, ad essere diventata multiculturale: immagini che giro d'affari si è creato per soddisfare i bisogni di 3.200.000 persone che hanno altre abitudini alimentari, altri stili di abbigliamento, un gusto diverso per i mobili, per gli oggetti della cucina, e così via?

Per **renderti conto** della dimensione del fenomeno, pensa che ci sono molte nazioni dell'Unione Europea che hanno meno di 3.200.000 di abitanti: gli stranieri, numericamente, hanno fatto aumentare l'Italia più di quanto sarebbe avvenuto se il nostro paese avesse **inglobato** la Slovenia...

Come reagiscono gli italiani?

Da un lato c'è una parte (non certo maggioritaria) degli italiani che non ama la società multiculturale e, fondamentalmente, ha paura degli stranieri, d'altra parte ci sono molti italiani che cercano i prodotti degli artigiani stranieri, che vanno a fare acquisti nei supermercati di cucina cinese o nei negozi di **spezie** arabe come quello della foto: quindi il mercato mosso dalla società multiculturale è ben più ampio del numero – già significativo! – degli immigrati.

Infine, ricorda che gli immigrati non sono solo poveri in cerca di lavoro: in Toscana c'è una zona che chiamiamo *Chiantishire*, unendo il nome Chianti, la zona tra Siena e Firenze, e *shire*, la parola inglese che indica una provincia: ci sono migliaia di inglesi che ci vivono alcuni mesi l'anno – e il fenomeno degli stranieri ricchi venuti in Italia per il clima e l'arte o per lavori di prestigio è molto elevato: anche questi sono membri della società multiculturale, e muovono i capitali di un'economia multiculturale

Quando pensi all'Italia, quindi, devi entrare in una logica complessa: non solo ci sono le culture locali, fortissime, dalle radici secolari o millenarie, non solo c'è la cultura italiana diffusa dalla televisione, dai mass media, dalle migrazioni interne: c'è anche un insieme di culture straniere che stanno modificando la nostra realtà.

Una società multiculturale
(Economia e società)

PRIMO CONTATTO

1. **Osserva! Cosa ritraggono le tre foto a pagg. 116 e 117? Chi sono le persone fotografate? Che lavoro fanno? Che cosa dicono dell'Italia queste immagini? Discutine con i compagni e con l'insegnante.**

2. **Fatti un'idea! Leggi velocemente il testo e decidi se queste affermazioni sono vere o false.**

a. In Italia ci sono quasi tre milioni di immigrati.
b. La maggior parte degli italiani ha paura degli stranieri.
c. Alcuni prodotti arabi e cinesi sono molto richiesti in Italia.
d. Gli immigrati in Italia non sono sempre poveri.
e. Nella zona di Chianti, in Toscana, vivono molti inglesi poveri.

3. **Cerca nel testo! Leggi nuovamente il testo e rispondi oralmente alle domande.**

a. Perché l'economia italiana è definita multiculturale?
b. Perché la realtà culturale italiana è complessa?

4. **Cerca nel testo! Trova nel testo i sinonimi delle seguenti parole. Accanto ad ogni parola scrivi il suo sinonimo.**

a. vasto   _____

b. necessità   _____

c. succedere, accadere _____

d. alto   _____

OLTRE IL TESTO

5. **Racconta! Confronta la situazione italiana con quella del tuo paese. Quanti immigrati ci sono? Da dove provengono? L'immigrazione ha cambiato l'economia, la società e la cultura nel tuo paese? Se si, in che modo? Pensi che questo sia positivo o negativo?**

Il periodo ipotetico dell'impossibilità

Osserva questa frase:
Se l'Italia **avesse inglobato** la Slovenia, il numero degli abitanti **sarebbe aumentato**.

Il periodo ipotetico dell'impossibilità esprime qualcosa che non è successo nella realtà. Nell'esempio, la prima parte della frase (SE + congiuntivo trapassato) esprime una condizione che non si è realizzata nel passato. La seconda parte della frase (condizionale composto) esprime la conseguenza nel passato.

- **vendemmia:** raccolta dell'uva.
- **ferie:** periodo di riposo dal lavoro.
- **stalla:** spazio coperto della fattoria, che ospita animali domestici, soprattutto mucche e cavalli.

La foto di questa pagina ti mostra un giovane italiano che trasporta un cesto di grappoli d'uva. E' una foto "falsa", se la consideri una testimonianza della vita dei contadini – semplicemente perché il contadino tradizionale non esiste quasi più, è una figura che va sparendo. Molto probabilmente il ragazzo è uno studente che, a settembre, va a guadagnare qualche soldo durante la **vendemmia**; oppure è il figlio del vecchio contadino, lavora in fabbrica o in qualche ufficio e si prende una settimana di **ferie** per aiutare i "vecchi" durante la vendemmia.

La società contadina, che dominava l'Italia fino alla metà del secolo scorso, è finita: i campi non sono certo abbandonati, ma l'economia agricola si è trasformata: le piccole proprietà non sono più in grado di mantenere una famiglia, e quindi sono diventate zone di coltivazione altamente specializzata, con prodotti molto selezionati, spesso a "coltivazione biologica" in cui non si usano concimi chimici, con il controllo delle Regioni sulla base di normative europee. E a coltivare questi campi non ci sono italiani ma sempre più spesso stranieri, soprattutto al sud: durante la raccolta dei pomodori ad esempio ci sono oltre 100.000 immigrati dal Nord Africa che vengono per un mese, come immigrati temporanei, guadagnano qualcosa (vivendo di solito in condizioni molto difficoltose) e poi tornano al loro paese.

Anche la foto della **stalla** nella pagina a fronte non deve trarti in inganno: il mondo degli allevatori è molto ridotto, anche se non come quello dei contadini visto che l'allevamento è un'attività più ricca, è legata alla produzione del latte, dei formaggi, dei salumi: quindi l'allevamento è più industrializzato dell'agricoltura. Ci sono ancora piccole stalle, soprattutto in collina, ma il latte e la carne vengono poi lavorati in grandi stabilimenti industriali.

Il problema evidenziato dal titolo, "chi lavora i campi?" è molto forte: l'Italia è stata per secoli un paese agricolo, e nel giro di due generazioni è cambiata radicalmente, per cui si rischia anche di perdere una grande parte della tradizione italiana, mano a mano che i vecchi che l'hanno conservata vanno in pensione o muoiono senza aver potuto tramandare la loro sapienza alle nuove generazioni.

Chi lavora i campi?
(Economia e società)

PRIMO CONTATTO

1. Pensaci! Nelle foto in queste pagine vedi due immagini legate all'agricoltura. Secondo te, quanto è importante l'agricoltura in Italia?
Rifletti anche sul titolo di questa scheda: chi, secondo te, lavora nei campi in Italia?

2. Fatti un'idea! Segna con una X gli argomenti principali di cui si parla nel testo.

- ☐ disoccupazione
- ☐ economia agricola
- ☐ allevamento
- ☐ attrezzi per lavorare i campi
- ☐ cambiamenti generazionali
- ☐ cambiamenti generazionali

3. Cerca nel testo! Completa le frasi con le informazioni che trovi nel testo.

a. L'agricoltura italiana di oggi _____ .

b. Nei campi lavorano _____ .

c. Molti prodotti di allevamento (carne, latte) _____ .

d. Nel settore agricolo c'è un problema generazionale perché _____

_____ .

4. Gioca con le parole! Per scoprire cosa significano queste parole, metti in ordine le definizioni.

a. MANTENERE: a / un / qualcuno. / Dare / economico / sostegno

b. SPARIRE: Non / di / traccia / più / se stesso. / alcuna / lasciare

c. TRAMANDARE: di / in / generazione / generazione/ e / di / la / memoria / Trasmettere / tradizioni / costumi.

OLTRE IL TESTO

5. Immagina! Abbiamo visto che in Italia c'è un problema generazionale nel settore agricolo: si stanno perdendo le tradizioni locali legate alla vita nei campi. Secondo te come si potrebbe evitare questo? Discutine con un compagno.

ANDARE + gerundio

Osserva questa frase:

Il contadino tradizionale è una figura che va sparendo.

La forma ANDARE + gerundio generalmente mette in evidenza il carattere progressivo di un'azione. In altri contesti può indicare che un'azione si ripete sempre, con una sfumatura di scetticismo.
Ad esempio: *Va dicendo a tutti che vincerà alla lotteria (ma io non ci credo).*

Si dice spesso che l'Italia è entrata nel sistema post-industriale e sta entrando nella società della conoscenza. Vediamo di chiarire questi concetti.

Fino alla metà del Novecento l'economia italiana era essenzialmente basata sull'agricoltura e l'artigianato, per quanto in molti casi fosse raffinatissimo. Verso al fine dell'Ottocento iniziò, nel Nord-Ovest, una rivoluzione industriale, ma fu solo dopo la guerra, dopo le distruzioni dei bombardamenti, che l'Italia si ricostruì – e lo fece da società industriale, anche se la cosa riguardava il Nord (industria pesante a Ovest, piccola industria a Est) e solo una parte del Centro, lasciando fuori il Sud e le Isole. Nella foto sotto vedi una sintesi di questo passaggio: si tratta di una **raffineria** in Sicilia, dove convivono ancora la società pastorale e quella industriale.

Verso gli anni Ottanta la società industriale mostra i suoi limiti: inquinamento, necessità di lavoratori immigrati dal Sud, prima, e dall'estero, poi: quindi inizia la trasformazione verso il "post-industriale": in Italia rimangono solo le aziende la cui produzione richiede tecnologie avanzate e operai molto specializzati, e rimane l'agricoltura specializzata, come vedi nella foto a destra *cfr.* **scheda 52**.

Alla fine degli anni Novanta l'Italia si integra nell'euro, quindi con le potenze industriali nordeuropee, e questo costringe il nostro sistema produttivo a cambiare ancora una volta: la ricchezza non viene più prodotta dalle fabbriche, ma dalla conoscenza, dalla ricerca, dai **brevetti**, (sulla difficoltà della ricerca in Italia *cfr.* **scheda 56**) che portano ad una revisione del concetto stesso di "fabbrica", da un lato, e di "produzione" dall'altro.

La fabbrica diventa un luogo dove si producono le parti tecnologicamente avanzate di macchine e altri prodotti, mentre il resto viene prodotto all'estero a basso costo (è il fenomeno chiamato "delocalizzazione", dello spostamento di luogo di produzione). La produzione di basso valore aggiunto (in cui cioè si aggiunge poco valore rispetto al costo della materia prima) viene delocalizzata, per cui i jeans, ad esempio, si fanno in India o in Romania, sebbene su disegno italiano, mentre in Italia si mantiene la produzione raffinata, ad esempio l'alta moda.

- **raffineria**: insieme di impianti industriali per la lavorazione di sostanze (petrolio, zucchero…).
- **brevetto**: certificato ufficiale che riconosce la paternità e l'esclusività di un'invenzione.

Il sistema industriale
(Economia e società)

PRIMO CONTATTO

1. **Pensaci!** **L'Italia è considerata un paese post-industriale. Che cosa significa, secondo te? Quali sono le caratteristiche della società post-industriale?**

2. **Cerca nel testo!** **Queste frasi in disordine riassumono le informazioni contenute della scheda. Sistemale secondo l'ordine con cui si trovano nel testo.**

a. L'Italia diventa una società post-industriale.
b. Molti prodotti di uso comune vengono lavorati all'estero, mentre in Italia si producono soprattutto prodotti di moda e di alta qualità.
c. L'Italia dopo la guerra diventa una società industriale, soprattutto al Nord.
d. L'economia italiana è basata su agricoltura e allevamento.
e. Emergono i problemi della società industriale (inquinamento, necessità di manodopera).
f. Inizia la rivoluzione industriale.
g. L'Italia entra nell'Unione Europea.

ORDINE CORRETTO: _____

3. **Cerca nel testo!** **Quali sono le differenze tra la società italiana industriale e quella post-industriale? Cercale e scrivile nella tabella.**

SOCIETA' INDUSTRIALE	SOCIETA' POST - INDUSTRIALE

OLTRE IL TESTO

4. **Discutiamo!** **La società post-industriale è caratterizzata dalla ricerca, dalla tecnologia, dalla globalizzazione. Quali sono i vantaggi e gli svantaggi nel vivere in questo tipo di società? Parlane con i compagni.**

L'anno chiave è stato il 2005, in cui si è consumata una lotta drammatica tra due visioni del mondo bancario del futuro: il campo di battaglia è stato il palazzo della Banca d'Italia (nella foto).

Il Governatore (che in Italia era eletto a vita, per impedire che potesse subire pressioni in vista della rielezione) Antonio Fazio voleva mantenere per quanto possibile il sistema finanziario, cioè Banche e Assicurazioni, in mani italiane, e quindi ha sostenuto le banche italiane che si opponevano alle **"scalate"** di banche straniere pronte ad acquistarle.

Era una guerra persa in partenza, in quanto l'integrazione monetaria nell'euro (*cfr.* **scheda 62**) ha creato di fatto un grande spazio finanziario comune: come prevedibile, la guerra non poteva essere vinta, ed il Governatore Fazio ha dovuto **dimettersi**; come suo successore è stato nominato (non più a vita: è cambiata la legge) un europeista convinto, Draghi, ed il sistema finanziario italiano è "entrato in Europa", come si dice di solito. Ma cosa significa? Cerchiamo di capirlo.

Il sistema bancario italiano è composto di realtà di due tipi:

a. una miriade di piccole banche, del tipo "Cassa di Risparmio" o "Banca Popolare": sono l'eredità di un sistema produttivo locale, che aveva bisogno di capitali ridotti, adatti alle piccole imprese, agli artigiani *cfr.* **scheda 54** ; oggi è in atto un processo di fusioni, per cui anche se ciascuna banca locale conserva il suo nome, il suo legame con la tradizione, in realtà fa parte di un grande gruppo bancario italiano o europeo;

b. alcune grandi banche, basate soprattutto su Milano e Torino, dove da un secolo l'impresa aveva bisogno di finanziamenti alti. Ma queste grandi banche sono troppo piccole per competere con i colossi europei. Quindi ci sono alleanze e acquisizioni che nel giro di qualche anno cambieranno il panorama bancario italiano.

Il sistema finanziario include anche il settore assicurativo: la più grande compagnia d'assicurazioni italiana, le Assicurazioni Generali, ha dimensione europea; anche la Borsa di Milano sta entrando nel giro delle grandi piazze finanziarie.

• **scalata:** tentativo di controllare una società quotata in borsa, con un'offerta pubblica d'acquisto.
• **dimettersi:** lasciare volontariamente la propria funzione amministrativa.

Il sistema finanziario
(Economia e società)

PRIMO CONTATTO

1. **Pensaci!** In questa scheda si parlerà del sistema bancario italiano. Come funziona quello del tuo paese? Fai una breve relazione orale ai tuoi compagni.

2. **Fatti un'idea!** Leggi velocemente il testo e cerca di capire se il sistema italiano funziona come quello del tuo paese. Individua sinteticamente somiglianze e differenze.

3. **Cerca nel testo!** Leggi nuovamente la scheda e forma delle frasi collegando le parti della colonna A con quelle della colonna B.

A	B
1. Antonio Fazio voleva che	a. si stanno unendo ad altre banche più grandi.
2. Il nuovo governatore della Banca d'Italia	b. sono un gruppo assicurativo di dimensione europea.
3. Oggi molte banche locali	c. il controllo delle banche italiane restasse in mano agli italiani.
4. Le banche più grandi	d. ha creato un grande spazio finanziario comune ai paesi europei.
5. Le Assicurazioni Generali	e. sono quelle di Torino e Milano.
6. La formazione dell'Unione Europea	f. è un sostenitore dell'Unione Europea.

OLTRE IL TESTO

4. **Gioca con le parole!** In questo Crucipuzzle ci sono 8 parole relative al mondo finanziario. Trovale! Se non sei sicuro del loro significato, controlla sul dizionario.

I	O	T	I	D	E	R	C	I	D	A	T	R	A	C
N	L	R	V	E	R	S	A	M	E	N	T	O	S	Z
T	O	R	O	C	I	F	I	N	O	B	T	T	C	Z
E	I	I	C	I	O	I	M	U	A	I	X	I	U	O
R	R	T	C	L	O	G	E	N	T	L	Q	B	L	I
E	R	L	E	A	R	G	C	S	A	T	I	E	L	I
S	E	U	N	S	T	O	E	C	V	T	F	D	I	L
S	A	I	T	C	M	R	P	O	L	L	U	M	U	G
I	Z	M	I	A	P	R	O	C	S	A	B	O	I	U
C	O	N	T	O	C	O	R	R	E	N	T	E	L	E

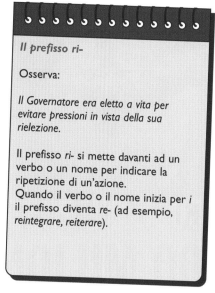

Il prefisso ri-

Osserva:

Il Governatore era eletto a vita per evitare pressioni in vista della sua rielezione.

Il prefisso *ri-* si mette davanti ad un verbo o un nome per indicare la ripetizione di un'azione.
Quando il verbo o il nome inizia per *i* il prefisso diventa *re-* (ad esempio, *reintegrare, reiterare*).

Le due foto rappresentano due mondi: a destra i turisti classici, che cercano i posti più belli, che passano in Italia lunghi periodi – e che portano ricchezza; qui sotto invece il turismo di massa, che resta poche ore nelle piazze delle principali città d'arte e ignora tutto il resto, non porta ricchezza ma crea caos. Il sistema italiano del turismo è in questo momento rappresentato dalle due foto.

Il turismo di massa **si riversa** essenzialmente sulle coste, soprattutto nell'alto Adriatico, da Rimini a Chioggia, da Jesolo a Grado; sono milioni e milioni di turisti italiani e nordeuropei: tanto per darti l'idea delle dimensioni, tra Venezia e Jesolo, in una striscia di costa di una ventina di chilometri, ci sono vari **campeggi** da 10.000 posti l'uno, con tutti i comfort – ma basta una giornata di pioggia e centomila persone si riversano dalle spiagge su Venezia paralizzandola completamente…

Il resto della penisola ha un sistema turistico più articolato: c'è anche qui un aumento del turismo di massa, costituito da gente che resta poco e non spende, che non produce grande ricchezza; ma resiste anche il turismo che viene definito "di qualità": persone di buon livello culturale, che alternano la giornata sulla spiaggia o sulle colline con visite a borghi antichi o alle piccole città, spesso altrettanto ricche d'arte quanto le città famose. E' un turismo che non vuole l'albergo da mille posti con piscine e discoteca, ma preferisce il piccolo albergo e l'agriturismo (*cfr.* **scheda 31**).

Il sistema turistico è il **pilastro** dell'economia italiana, più di quello industriale e finanziario: muove più capitali e occupa più persone delle fabbriche e delle banche. Ma è anche il settore più a rischio, per tre ragioni:
  a. l'incognita del tempo: un'estate piovosa o caldissima fa perdere miliardi di euro;
  b. l'incognita politica ed economica: l'attentato alle due Torri di New York ha bloccato il turismo americano per un anno; i primi anni del decennio sono stati di crisi per Germania e Francia e le spiagge dove vanno tedeschi e francesi sono rimaste vuote;
  c. la concorrenza di Croazia, Grecia, Spagna, Portogallo: hanno spiagge bellissime, hanno notevoli bellezze artistiche, stanno iniziando a concepire il turismo in maniera professionale, con discreti servizi – e costano molto meno dell'Italia…

• **riversarsi**: arrivare improvvisamente e in gran numero in un luogo.
• **campeggio**: l'area dove si piantano le tende e si parcheggiano camper e roulotte per turismo.
• **pilastro**: elemento fondamentale.

SCUSI, C'È POSTO PER 100 MILIONI DI TURISTI CINESI?

Il sistema del turismo
(Economia e società)

PRIMO CONTATTO

1. Pensaci! **L'Italia è una meta turistica importante. Secondo te, da dove provengono principalmente i turisti stranieri che vengono in Italia? Puoi immaginare per quali ragioni visitano l'Italia? Quali sono secondo te le zone aree più frequentate e perché?**

2. Cerca nel testo! **Qui sotto c'è un breve riassunto del testo che hai appena letto. Completalo con le informazioni che trovi nel testo.**

Il turismo è un nodo essenziale dell'economia italiana e molte persone lavorano in questo settore. In Italia vi sono due tipologie di turismo: il turismo _____
e quello _____.
Il primo è formato da persone che rimangono in Italia _____,
vanno nei luoghi turistici e nelle spiagge e spendono poco. Questo tipo di turismo è molto forte soprattutto nelle zone _____.
Il secondo è composto da persone che rimangono in Italia per periodi più lunghi, visitano
_____ e i piccoli borghi.

3. Cerca nel testo! Qui sotto trovi alcune definizioni. Cerca nel testo le parole a cui si riferiscono le definizioni.

a. atto criminale, spesso legato al terrorismo   _____

b. bloccare, impedire ogni movimento   _____

c. non prendere in considerazione   _____

d. competitività nel settore economico-finanziario_____

OLTRE IL TESTO

4. Discutiamo! **Dove vanno in vacanza gli italiani? Fai delle ipotesi con i compagni e poi leggi i risultati delle statistiche 2005 pubblicate su www.isnart.com.**

Nel periodo giugno-dicembre 2005, il 70% degli italiani è andato in vacanza. Tra questi, il 73,8% ha scelto una località italiana (le regioni più visitate sono state, nell'ordine: Toscana, Emilia Romagna, Sardegna, Puglia, Sicilia). Il 26,2% degli italiani è andato all'estero, soprattutto in Spagna, Grecia e Croazia. Rispetto al 2003 la percentuale delle vacanze all'estero è aumentata del 4% circa.

**Ora cerca dati in internet sul turismo nel tuo paese.
Confronta i dati che trovi con quelli del turismo italiano nel 2005 e fai una relazione orale alla classe.**

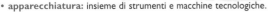

- **apparecchiatura**: insieme di strumenti e macchine tecnologiche.
- **incentivo**: facilitazione, soprattutto economica, per promuovere lo sviluppo di alcuni settori.
- **guaio**: problema.

Qui sopra vedi Enrico Fermi, uno dei grandi fisici italiani, erede della tradizione di Galileo, Volta, Marconi: la fisica italiana è stata all'avanguardia mondiale fino a quando la ricerca non ha richiesto **apparecchiature** sofisticatissime, che le nostre università non possono permettersi. Fermi è emigrato in America (era di origine ebraica ed il fascismo aveva approvato le leggi razziali), come emigrarono altri scienziati, tra cui i premi Nobel Levi Montalcini, Dulbecco, Modigliani. Le altre foto ti mostrano Margherita Hack, astrofisica, e nella pagina a destra Umberto Veronesi, uno dei più grandi medici impegnati nella lotta contro il cancro... e poi un ragazzo, uno studente di informatica. Qual è il suo futuro?

E' un futuro nero.
La ricerca scientifica è il settore più in crisi in Italia: ogni governo promette fondi e leggi nuove ma alla fine, se arriva una crisi, i primi fondi ad essere tagliati sono quelli destinati alla ricerca, soprattutto a quella di base, che non porta risultati immediati, brevetti, applicazioni.
In secondo luogo, in Italia manca anche un buon sistema di **incentivi** alle aziende perché finanzino la ricerca, da sole o in collaborazione con le università.

Il problema è gravissimo per due ragioni:
a. in questa situazione l'industria italiana deve acquistare l'innovazione dall'estero e quindi ogni prodotto italiano paga una quota di ricchezza ai paesi dove la ricerca viene finanziata;
b. il giovane ricercatore non trova spazio, non ha futuro: se riesce ad entrare come ricercatore all'università (ed è difficilissimo) ha uno stipendio che è un terzo di quel che prenderebbe all'estero ed ha scarsi strumenti per la ricerca – e quindi va all'estero.

La "fuga dei cervelli" rappresenta un doppio **guaio**: da un lato lo Stato ha investito per 20 anni nella formazione del giovane dottore di ricerca, dall'altro i migliori frutti di questo investimento vanno a produrre all'estero, vanno a registrare là invenzioni che poi il sistema industriale italiano dovrà acquistare, pagando ad aziende e università straniere il risultato del lavoro di uno scienziato che lui stesso ha formato.

La ricerca scientifica
(Economia e società)

PRIMO CONTATTO

1. **Osserva!** In queste due pagine trovi alcuni scienziati italiani di fama internazionale. Li riconosci?
Ricordi in quale settore scientifico hanno lavorato o lavorano tutt'ora?
Conosci altri ricercatori italiani famosi per le loro scoperte?

2. **Cerca nel testo!** Nella scheda si parla del problema della ricerca in Italia e si individuano le possibili cause e le conseguenze.
Trovale nel testo e inseriscile nella tabella.

CRISI DELLA RICERCA ITALIANA	
CAUSE	CONSEGUENZE

3. **Cerca nel testo!** Leggi di nuovo il testo e cerca di spiegare oralmente:

a. che cosa s'intende per "fuga dei cervelli";
b. quali sono le conseguenze negative di questo fenomeno.

OLTRE IL TESTO

4. **Racconta!** In questa scheda si è parlato della situazione della ricerca scientifica in Italia. Ora costruisci un breve questionario per sapere dai tuoi compagni com'è la situazione nel loro paese riguardo la ricerca scientifica.
Ecco alcuni suggerimenti:

a. Quali sono i ricercatori più famosi nella storia del tuo paese?
b. Che cosa hanno inventato o scoperto?
c. Quali conseguenze hanno avuto le loro scoperte nel tuo paese e nel resto del mondo?
d. Attualmente quali sono i settori di ricerca più importanti nel tuo paese?

Dopo aver intervistato alcuni compagni, racconta alla classe le risposte che hai raccolto.

> **Usi e significati della congiunzione PERCHÉ**
>
> Osserva:
>
> *La ricerca italiana è un settore in crisi perché non ci sono sufficienti finanziamenti.*
>
> *In Italia manca un sistema di incentivi alle aziende perché finanzino la ricerca.*
>
> Nel primo esempio *perché* ha valore causale, esprime la causa di una situazione o di un'azione, ed è seguito da un verbo all'indicativo.
> Nel secondo esempio *perché* ha valore finale, esprime cioè lo scopo, l'obiettivo di un'azione, ed è seguito da un verbo al congiuntivo.

La Ferrari è uno dei simboli della tecnologia italiana; ma più importante, in termini economici, è la tecnologia "invisibile", quella a cui non dedichi attenzione: eppure i treni di mezzo mondo, se devono andare veloci su vecchi binari con molte curve, hanno la tecnologia del "Pendolino", il treno che vedi qui sotto.

Tutti pensano all'Italia come alla patria dell'arte, della bellezza – dimenticano che Leonardo si considerava anzitutto un ingegnere, che Michelangelo costruiva cupole impensabili prima di lui, che una tradizione unica unisce Galileo (il padre della scienza moderna), Torricelli (l'inventore del barometro), Volta (l'inventore della pila), Marconi (l'inventore della radio), Fermi (il padre del nucleare).

Questa tradizione non è mai morta, ed è per questo che Ferrari, Lamborghini, Maserati, Alfa Romeo sono "italiane", non solo nello stile ma anche nell'anima, nel profondo dei motori.

Il risultato di questa tradizione tecnologica, che ha l'accuratezza dell'artigianato, è che l'esportazione italiana di "componentistica" (cioè componenti ad alta tecnologia di motori, aerei, macchinari, ecc.) è pari all'esportazione di prodotti finiti.

Ma ci sono due problemi:

a. la mancanza di una seria politica di **sostegno** della ricerca scientifica, che porta i giovani italiani, la cui formazione è costata moltissimo, a lavorare, a dar frutti all'estero (*cfr.* **scheda 56**);

b. la paura della tecnologia, rappresentata dalla foto a destra in cui vedi una manifestazione contro le centrali nucleari. Fin dagli anni Ottanta l'Italia ha chiuso le centrali atomiche e oggi la lotta contro gli studi sugli organismi geneticamente modificati o contro le linee ad alta velocità riempie le piazze (*cfr.* **schede 24/36**).

L'Italia è dunque divisa tra due tensioni, da un lato la sua tradizione ed esperienza di alta tecnologia (anche se è totalmente dipendente dall'estero per la tecnologia informatica), dall'altra la paura della scienza e della tecnologia, che ha radici anche nella tradizione cattolica – che, ricordiamolo, costrinse Galileo a **smentire** i suoi scritti sulla posizione centrale del sole...

* sostegno: aiuto, supporto.
* smentire: affermare che ciò che è stato detto o scritto è falso.

La tecnologia

(Economia e società)

PRIMO CONTATTO

1. Pensaci! Prima di leggere il testo, pensa alla tecnologia italiana. Quali sono i suoi simboli, i prodotti e le caratteristiche? Cerca di ricordare anche ciò che hai letto nelle schede dei percorsi precedenti (ad esempio, le schede a pagg. 54, 56 e 58).

2. Cerca nel testo! Leggi il brano e trova la domanda giusta per queste risposte.

a. _____ ?

Questi fenomeni dimostrano la paura di alcuni italiani nei confronti della tecnologia.

b. _____ ?

La Ferrari e il Pendolino.

c. _____ ?

La mancanza di fondi per la ricerca e la paura della tecnologia.

3. Cerca nel testo! Nel testo si parla di alcuni personaggi italiani famosi nella storia della scienza. Collega il personaggio con le informazioni a lui riferite.

A	B
1. Fermi	a. era sia pittore sia scultore sia architetto
2. Marconi	b. inventò la radio.
3. Leonardo	c. è tra i fisici più famosi d'Italia grazie all'invenzione della pila.
4. Michelangelo	d. fu un grande matematico e fisico, famoso soprattutto per la scoperta del principio del barometro.
5. Torricelli	e. ha dato un forte impulso alla fisica nucleare grazie alle sue scoperte sulla radioattività e sulla fusione nucleare.
6. Volta	f. era artista, architetto e ingegnere

OLTRE IL TESTO

4. Discutiamo! L'Italia vive una tensione tra progresso scientifico e paura della scienza. Questo ha generato un forte dibattito su temi legati al rapporto tra etica e scienza. Leggi le seguenti domande e discutine con i compagni.

a. Sei favorevole o contrario alla clonazione umana?
b. Cosa pensi degli esperimenti sugli embrioni?
c. Cosa pensi della ricerca sugli organismi geneticamente modificati?
d. Pensi che la scienza debba essere indipendente dall'etica?

Il suffisso –bile

Osserva:

Michelangelo ha costruito cupole impensabili prima di allora.

Il suffisso –bile è usato per costruire un aggettivo a partire da un verbo. Il significato degli aggettivi che terminano in –bile è "che si può...". Ad esempio:
leggibile = che si può leggere.
mangiabile = che si può mangiare.

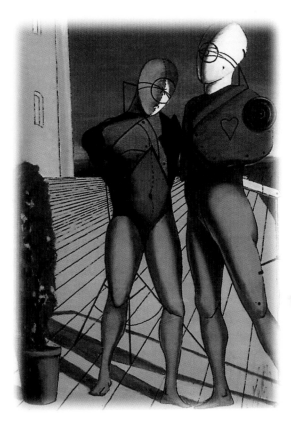

- **manichino:** pezzo di palstica o legno che raffigura il corpo umano, usato ad esempio nei negozi per esporre i vestiti.
- **consistente:** importante e di grande peso.
- **dotare:** attrezzarsi, fare in modo di avere qualcosa di necessario.

L'Italia è il paese con maggior concentrazione mondiale di arte – classica, medievale, rinascimentale, barocca – e questo ci porta a dimenticare l'arte moderna: si va in una città per vedere i musei d'arte antica e non quelli d'arte contemporanea.

Eppure in Italia c'è il maggior tempio dell'arte contemporanea, la Biennale di Venezia (ne vedi il logo nella pagina a fronte), e nella storia dell'arte del Novecento europeo non possono mancare Modigliani e Dechirico (vedi sopra un quadro con i suoi celebri **manichini**), e poi Fontana, Guttuso, Burri, Capogrossi, fino a star internazionali dell'arte come gli attuali Plessi e Cattelan.

Tutti questi nomi non sono stati citati per fare una storia dell'arte italiana moderna, ma perché la produzione artistica rappresenta una voce **consistente** nell'economia, muove capitali, impiega persone.

Il turismo di massa conosce solo l'arte contemporanea a Venezia: la Biennale, che ogni due anni presenta la produzione di una cinquantina di paesi, e Palazzo Grassi, che ospita la collezione Pinault, forse una delle più importanti al mondo.

Per il resto, nei molti piccoli musei d'arte contemporanea e nelle migliaia di gallerie, la produzione artistica italiana è indirizzata al turismo d'élite, cioè ai turisti colti e ricchi che trovano in Italia quadri e sculture di alta qualità ma ad un costo relativamente minore rispetto alle gallerie più famose di Parigi, Berlino, Londra e New York.

Si tratta di un mercato che sta creando i nuovi produttori: Accademie d'arte come quella di Venezia, quella di Brera a Milano, quelle di Firenze e di Roma formano nuovi artisti perfettamente integrati nelle correnti artistiche mondiali e anche nel mercato dell'arte, che muove capitali enormi. E proprio per trovare un luogo di vendita diffusa la produzione artistica italiana sta **dotandosi** anche di nuovi mercati: oltre alle gallerie, ci sono varie fiere d'arte tra cui emerge quella di Bologna, che ha ormai lo stesso peso culturale – e quindi un altissimo valore economico – delle celebri fiere di Basilea o di Kassel.

La produzione culturale: l'arte

(Economia e società)

PRIMO CONTATTO

1. Pensaci! L'Italia è famosa all'estero soprattutto per le sue opere d'arte più antiche, ma è anche un importante centro di arte contemporanea.
Conosci artisti o opere d'arte dell'Italia contemporanea?
Conosci manifestazioni o eventi di arte contemporanea in Italia?

2. Fatti un'idea! Leggi velocemente il testo e raccogli il maggior numero di informazioni per capire il rapporto tra arte ed economia turistica in Italia.

3. Cerca nel testo! Leggi attentamente la scheda e decidi se queste affermazioni sono vere, false o non presenti nel testo.

a. La produzione artistica è un settore economico marginale. Ⓥ Ⓕ Ⓝ

b. L'arte contemporanea è un settore lavorativo che coinvolge molte persone. Ⓥ Ⓕ Ⓝ

c. Chi studia nelle Accademie italiane trova più facilmente lavoro. Ⓥ Ⓕ Ⓝ

d. Tra gli eventi culturali di maggior peso economico ci sono le fiere d'arte. Ⓥ Ⓕ Ⓝ

e. La Biennale di Venezia è molto frequentata da turisti. Ⓥ Ⓕ Ⓝ

f. Dechirico è l'artista contemporaneo italiano più famoso all'estero. Ⓥ Ⓕ Ⓝ

g. La maggior parte della produzione artistica italiana è rivolta al turismo di massa. Ⓥ Ⓕ Ⓝ

h. Molti turisti vengono in Italia per vedere musei di arte non contemporanea. Ⓥ Ⓕ Ⓝ

OLTRE IL TESTO

4. Immagina! Sei un famoso critico d'arte e devi fare un intervento ad una conferenza sul rapporto tra arte ed economia nel tuo paese. **Prepara il tuo discorso pensando, per esempio a:**

a. Quali sono gli eventi artistici più importanti degli ultimi anni;

b. Quali sono gli artisti contemporanei del tuo paese più famosi;

c. Se e come il governo promuove l'arte;

d. Qual è il rapporto tra arte e turismo nel tuo paese;

e. Quali sono secondo te gli aspetti positivi e i pericoli del rapporto tra economia e arte.

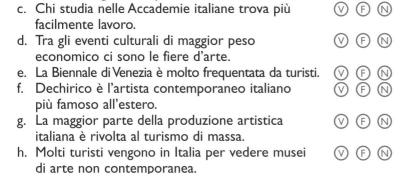

La posizione dei pronomi riflessivi

Osserva:

L'Italia sta dotandosi di nuovi mercati.
L'Italia si sta aprendo a nuovi settori economici.

E' difficile per molti artisti affermarsi nel panorama internazionale.

I pronomi riflessivi (come anche i pronomi diretti e indiretti) si mettono prima del verbo, quando questo è coniugato (indicativo, congiuntivo…), mentre si attaccano alla fine del verbo, quando questo è all'infinito.
Con la forma *stare* + gerundio
cfr. **schede 18** è possibile sia mettere i pronomi prima di *stare* sia attaccarli alla fine del verbo al gerundio.

- **rilevante**: importante.
- **capolavoro**: opera più importante e famosa.
- **impresa**: azione difficile, quasi impossibile.

L'editoria non solo rappresenta il cuore pulsante della cultura di un paese, ma costituisce anche una **rilevante** produzione economica che impiega sia il personale che produce i libri sia quello che li vende nelle librerie – da quelle grandi nei centri commerciali alle più piccole, in mille paesi e città.
In Europa il grande mercato dell'editoria è la Fiera di Francoforte, dove tutti gli editori italiani portano le loro novità per le traduzioni in lingue straniere (e queste significano posti di lavoro per gli stranieri che studiano italiano, come te!) e comprano i diritti dei libri da tradurre in italiano. In Italia ci sono due grandi fiere, quella di Torino per l'editoria generale, e quella di Bologna, specializzata nell'editoria per ragazzi.

Quali autori "esporta" l'Italia? In queste foto ne trovi alcuni: a sinistra ne vedi tre che hanno caratterizzato il secondo Novecento: Primo Levi, il cui **capolavoro** è *Se questo è un uomo* e narra la vita nel campo di concentramento, Alberto Moravia (in alto) e Pier Paolo Pasolini (in basso), che sono tra i grandi del neorealismo; un altro classico del secondo Novecento che ha un buon mercato all'estero, è Italo Calvino. Tra gli scrittori viventi, oltre a "giovani" come Alessandro Baricco, Susanna Tamaro e Andrea de Carlo, ci sono due star della letteratura: nella pagina a fronte vedi Umberto Eco, famoso come semiologo ma anche come romanziere, il cui capolavoro è *Il nome della rosa*. Nella foto grande qui sopra trovi Andrea Camilleri, il fenomeno letterario degli ultimi quindici anni. Nipote del grande Luigi Pirandello, Camilleri ha scritto per anni senza che gli editori lo pubblicassero, perché usa una lingua tutta sua, un misto di italiano e siciliano, difficile da leggere le prime volte che ci si prova. Ma poi è proprio la sua lingua, usata sia in romanzi storici sia nelle serie di romanzi polizieschi con il commissario-filosofo Montalbano, a risultare vincente – e molte sue parole e modi di dire entrano sempre di più nel linguaggio quotidiano. L'impatto economico di Camilleri è enorme: pensa che quando sono usciti i suoi primi sei libri, per un certo periodo sono stati tutti ai primi sei posti nella classifica dei libri più venduti. Oggi è tradotto in 27 lingue – e se leggerai un suo testo, capirai che **impresa** è tradurre Camilleri!

La produzione culturale: l'editoria
(Economia e società)

PRIMO CONTATTO

1. **Usa la memoria!** In alcune schede precedenti si è già parlato dell'editoria italiana *cfr.* schede 5,19,20 . Completa lo schema con i tipi di pubblicazioni tipiche dell'editoria italiana.

EDITORIA ITALIANA

2. **Fatti un'idea! Segna con una X gli argomenti principali di cui si parla nel testo.**

☐ storia della letteratura italiana
☐ giornalismo
☐ eventi editoriali

☐ scrittori italiani contemporanei
☐ scrittori stranieri
☐ mercato editoriale

3. **Cerca nel testo! Leggi attentamente la scheda e completa le frasi**

a. L'editoria rappresenta _____ ma anche _____ .

b. A Torino e a Bologna _____ .

c. *Se questo è un uomo* è _____ e racconta _____ .

OLTRE IL TESTO

4. **Fai una ricerca! Andrea Camilleri è forse lo scrittore italiano che sta vendendo più libri in Italia. Fai una ricerca in internet e scopri quali sono gli altri scrittori contemporanei più famosi e quali libri hanno scritto.**

5. **Intervista un compagno! Prepara alcune domande per i tuoi compagni riguardo al mercato letterario nel loro paese e poi intervistali. Puoi chiedere loro, ad esempio:**

a. Quali sono i generi letterari più diffusi nel tuo paese?
b. Ci sono scrittori o libri italiani famosi nel tuo paese?
c. Qual è il libro più venduto negli ultimi anni?
d. Ci sono fiere editoriali?
e. Ci sono scrittori del tuo paese famosi anche all'estero?
f. Noti delle differenze tra il mercato letterario del tuo paese e quello italiano? Se si, quali?
g. Secondo te quali potrebbero essere le ragioni di queste differenze?

Fino a qualche anno fa teatro ed opera sembravano destinati ad un'élite sempre più ristretta, e quindi parevano **insignificanti** come industria dello spettacolo.

Poi, dagli anni Novanta, i teatri hanno ricominciato a riempirsi anche di giovani, e oggi trovare un posto per un'opera o un concerto è difficile, se non hai prenotato con largo anticipo. Lo spettacolo colto, quindi, è diventato un'industria vera e propria, con migliaia e migliaia di **addetti** e milioni di spettatori l'anno, sono nati luoghi per il teatro sperimentale, vari festival teatrali, ecc.

Iniziamo dall'opera, il tipo di spettacolo più complesso in assoluto, perché fonde musica, testo, scene, costumi, luci, regia, danza – sono diverse centinaia le persone impegnate nella messa in scena di un'opera! L'opera italiana è la maggiore esportazione teatrale del nostro Paese, ma è anche un'industria: è difficile infatti che ogni teatro faccia la produzione di tutte le opere che mette nel suo programma, al massimo ne produce una a due l'anno, dati i costi, lo sforzo, i lunghissimi tempi di realizzazione: quindi le opere vengono "esportate". Ciò significa che l'allestimento della Tosca di Puccini messo in scena alla Scala di Milano (che vedi nella foto, sopra) viene poi riproposto a Berlino, a New York, a Tokyo: ci sono allestimenti (cioè scene, costumi, soluzioni tecniche, regia, coreografie, e talvolta anche il cast di cantanti) che girano per anni nei teatri di tutto il mondo. Abbiamo citato *Tosca*, uno dei capolavori di Puccini: ma la **locandina** che vedi qui sotto non è quella di Puccini, riguarda la versione rock di Lucio Dalla, uno dei grandi cantautori italiani; ed un altro cantautore italo francese, Riccardo Cocciante, ha scritto *Notre Dame*: ciò significa che i giovani stanno riscoprendo il melodramma come genere teatrale e lo amano con la loro musica, il rock.

Nella pagina a fronte trovi la foto di Dario Fo, uno dei due grandi drammaturghi italiani esportati all'estero, insieme a Luigi Pirandello. Le opere di Dario Fo, premio Nobel per la letteratura, sono tanto difficili da tradurre quanto quelle di Camilleri (*cfr.* **scheda 59**), perché si reggono sull'invenzione della lingua: il romanziere ha inventato l'italo-siciliano, Dario Fo ha ricreato la lingua padana del Cinquecento – non quella della principi e dei duchi, ma quella del popolo.

• **insignificante:** irrilevante, senza importanza.
• **addetto:** persona che lavora in un settore.
• **locandina:** manifesto con l'annuncio, il programma e l'elenco degli interpreti di uno spettacolo.

La produzione culturale: l'opera e il teatro

(Economia e società)

PRIMO CONTATTO

1. **Pensaci!** In questa scheda si parlerà del teatro italiano. Tu vai mai a teatro? Se si, quali spettacoli ti piace andare a vedere? Hai mai visto uno spettacolo teatrale italiano? Se invece non vai a teatro, per quali ragioni non ci vai? Parlane con un compagno.

2. **Fatti un'idea!** Leggi velocemente il testo e cerca di capire in che senso opera e teatro sono una risorsa economica per l'Italia.

3. **Cerca nel testo!** Leggi di nuovo la scheda e completa la tabella inserendo tutte le informazioni rilevanti sull'opera italiana.

OPERA ITALIANA		
ASPETTI ARTISTICI	ASPETTI ECONOMICI	ESEMPI DI OPERE TEATRALI

OLTRE IL TESTO

4. **Gioca con le parole!** Nella colonna **A** trova alcune parole tecniche legate al mondo del teatro. Collegale con la loro definizione nella colonna **B**

A	B
1. ALLESTIMENTO	a. testo di un'opera teatrale, contenente i dialoghi dei personaggi.
2. COSTUMI DI SCENA	b. l'insieme delle scene di uno spettacolo teatrale.
3. LIBRETTO	c. testo drammatico in versi che costituisce la parte di un'opera lirica da mettere in musica.
4. COPIONE	d. serie di opere teatrali di uno stesso autore o con uno stesso tema.
5. RASSEGNA TEATRALE	e. vestiti e oggetti che indossano gli attori mentre recitano.

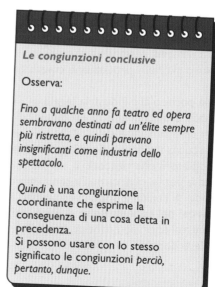

Le congiunzioni conclusive

Osserva:

Fino a qualche anno fa teatro ed opera sembravano destinati ad un'élite sempre più ristretta, e quindi parevano insignificanti come industria dello spettacolo.

Quindi è una congiunzione coordinante che esprime la conseguenza di una cosa detta in precedenza.
Si possono usare con lo stesso significato le congiunzioni perciò, pertanto, dunque.

Il cinema costituisce un notevole settore industriale, ma è spesso limitato al consumo interno nazionale, in quanto molti film italiani non vengono esportati, malgrado gli **sforzi** dell'Unione Europea per sostenere il cinema del nostro continente rispetto a quello di Hollywood (molte sale cinematografiche ricevono una sovvenzione se proiettano almeno il 50% di cinema europeo), e malgrado i forti aiuti dello Stato e della Rai, la televisione italiana.

Tra i film italiani noti all'estero troviamo i classici degli anni Cinquanta-Settanta, diretti da registi che vedi nelle foto qui sopra (da sinistra: Fellini, De Sica, Antonioni; in basso, Bertolucci) o altri grandi come Sergio Leone (nella foto sulla pagina a fronte vedi Ennio Morricone, l'autore delle più famose colonne sonore di quel regista) o Mario Monicelli, Ma si esportano anche film di registi più giovani, come i vincitori del premio Oscar Gabriele Salvatores (nella foto in alto a destra) e Roberto Benigni, oppure come Nanni Moretti. Tuttavia, pur restando nel mercato interno, questo cinema muove **ingenti** capitali e crea molti posti di lavoro sia nella produzione cinematografica sia nella gestione delle sale cinematografiche.

Una particolare industria legata al mondo del cinema è quella del doppiaggio.

L'Italia è un mercato di 60 milioni di persone e quindi vale la pena affrontare la spesa del doppiaggio dei film stranieri, cioè della registrazione in italiano dei dialoghi.

La scuola italiana di doppiaggio viene considerata tra le migliori al mondo non solo per la tecnica dei doppiatori, che riescono a sovrapporre la loro voce al movimento della labbra di attori americani, ma anche per la ricerca nell'interpretazione (pensa che Woody Allen dichiara di aver modificato il proprio modo di recitare dopo aver sentito il modo in cui Oreste Lionello, il suo doppiatore italiano, rendeva la nevrosi dei suoi dialoghi) e per la raffinatezza della traduzione linguistica, almeno nei film di alto livello – mentre l'enorme quantità di telefilm americani che trovi sulle decine di canali televisivi è spesso tradotta male e doppiata peggio...

• **sforzo**: uso di forze superiori al normale per ottenere un determinato risultato.
• **ingente**: grandissimo.

La produzione culturale: il cinema

(Economia e società)

PRIMO CONTATTO

1. Racconta! In questa scheda si parlerà di cinema italiano. Quali sono i film, gli attori e i registi italiani più famosi nel tuo paese? Che opinione hai, in generale, del cinema italiano? Raccontalo ad un compagno.

2. Fatti un'idea! Dopo aver letto il testo, scegli gli aggettivi e le espressioni che secondo te descrivono meglio il cinema italiano.

In crisi	tutelato	noioso
internazionale	sconosciuto	famoso
moderno	antico	divertente
entusiasmante	redditizio	produttivo
in espansione	esportato	criticato

3. Cerca nel testo! Leggi di nuovo la scheda e rispondi oralmente alle domande.

a. Quale politica ha adottato l'Unione Europea per sostenere il cinema europeo?
b. Perché il cinema è considerato una risorsa economica per l'Italia?
c. Perché l'Italia è famosa per i suoi doppiaggi cinematografici?

OLTRE IL TESTO

4. Gioca con le parole! Risolvi gli anagrammi!

a. Il copione di un film
   TRAGIASCENUGE _____

b. La musica di un film
   NOLANCO SARONO_____

c. Attore che appare in una sola scena
   SCOMAPRA _____

d. Film divertente
   DACIMOME _____

5. Immagina! Sei un giornalista specializzato in critica cinematografica.
Hai appena visto un recente film italiano (decidi tu quale).
Scrivi una breve recensione raccontando la trama del film e il tuo giudizio sulla storia, sugli attori e sul regista.
Inventa anche un bel titolo per la recensione!

Le congiunzioni avversative

Osserva:

Il cinema italiano spesso non viene esportato. Tuttavia, muove capitali e crea molti posti di lavoro.

Tuttavia è una congiunzione coordinante che serve per introdurre un concetto parzialmente in opposizione a quanto si è detto prima Hanno un significato simile le congiunzioni *ma, però, eppure*

Nel 1992 il Trattato firmato a Maastricht tra i 15 membri dell'Unione Europea metteva le basi per la più grande sfida di questo progetto politico che in mezzo secolo ha trasformato nazioni che si distruggevano a vicenda da secoli in membri di un'unica realtà sempre più integrata. Il punto essenziale dell'integrazione era la creazione della moneta unica, l'euro. Fin dal 1996 gli stati di "eurolandia" (12 su 15, allora) hanno fissato il cambio tra le loro monete, per cui di fatto hanno creato una moneta unica anche se con nomi, colori, numeri differenti; nel 2001 le vecchie lire, i marchi, i franchi, le pesetas, le dracme, gli scellini hanno smesso di esistere e nelle tasche degli italiani e di gran parte degli europei è arrivato l'euro.

Per l'Italia l'effetto dell'introduzione dell'euro – il grande progetto politico di Prodi, il primo ministro che nel 1999 è diventato Presidente della Commissione Europea, per tornare al governo in Italia nel 2006 – è stato triplice:

a. da un lato ha salvato l'Italia dalla bancarotta: negli anni Settanta e Ottanta i governi hanno aumentato la spesa, creando altissima inflazione e portando il debito pubblico a superare il "prodotto interno lordo" (PIL),   cioè la ricchezza prodotta in Italia in un anno; per entrare nell'euro l'Italia ha dovuto adottare i parametri europei, modificando radicalmente il bilancio dello Stato, e questo ha **messo al riparo** la debole lira dalle tempeste monetarie di questi anni;

b. in secondo luogo, poiché l'inflazione europea è meno della metà di quella americana e il deficit medio quasi un terzo, l'euro diventa una moneta sempre più richiesta sui mercati mondiali e quindi si è molto rivalutato nei confronti del dollaro: in tal modo, l'importazione di petrolio costa meno, ma l'esportazione (e l'Italia vive di esportazione) è diventata molto più difficile perché i nostri prodotti, pagati in euro, costano molto di più;

c. infine, c'è stato un effetto psicologico **perverso**: tradizionalmente l'unità di misura in Italia non era la lira ma le mille lire; un euro vale 2000 vecchie lire: ma nel momento in cui si è sostituita la lira con l'euro, in molti casi i venditori hanno fatto l'equazione 1 euro = 1000 lire... e il costo della vita è impazzito. Una delle cose che colpisce di più gli stranieri che vengono in Italia, infatti, è la velocità con cui gli euro **scivolano via** dalle tasche!

Ma l'importanza storica della partecipazione dell'Italia all'Unione Europea è il fatto che l'economia italiana ha dovuto modernizzarsi rapidissimamente per entrare in sintonia con quella degli altri stati europei.

- **mettere al riparo**: proteggere, difendere, garantire sicurezza.
- **perverso**: fuori dalla norma, fortemente negativo.
- **scivolare via**: sfuggire al controllo di qualcuno.

L'Italia nella UE
(Economia e società)

PRIMO CONTATTO

1. Pensaci! In queste pagine parleremo dell'Unione Europea. Che cosa sai al riguardo? Per esempio, su quali principi si fonda l'Unione Europea? Quali nazioni ne fanno parte? Quali sono gli organi politico-economici dell'Unione Europea?

2. Fatti un'idea! Dopo aver letto la scheda, riassumi in poche parole cosa è successo nei seguenti anni:

a. 1992:

_____

b. 1996:

_____

c. 2001:

_____

3. Cerca nel testo! Quali sono stati gli aspetti positivi e quelli negativi riguardo all'arrivo dell'euro in Italia? Leggi di nuovo il testo e riassumili oralmente.

4. Cerca nel testo! Nel testo i sinonimi delle seguenti parole. Accanto ad ogni parola scrivi il suo sinonimo.

a. debito: _____

b. fallimento: _____

c. accresciuto: _____

d. velocemente: _____

OLTRE IL TESTO

5. Discutiamo! L'Unione Europea è un'unione di stati a livello soprattutto economico. Secondo te, gli stati che fanno parte dell'Unione Europea condividono anche una stessa cultura? Pensi che si potrà in futuro creare una confederazione di stati europei come gli Stati Uniti? Quali potrebbero essere gli aspetti positivi e quelli negativi?

Il gerundio con significato temporale

Osserva:

Negli anni '70 e '80 i governi hanno aumentato la spesa, creando inflazione e portando il debito pubblico a superare il PIL.

L'Italia ha dovuto adottare i parametri europei, modificando radicalmente il bilancio dello Stato.

In queste frasi il verbo al gerundio esprime un'azione che si verifica dopo quella della frase principale. In altri contesti, il gerundio può esprimere un'azione che si verifica prima (1) o contemporaneamente (2) all'azione principale. Ad esempio:

(1) *Luigi è venuto a casa mia, avvisandomi per tempo.*

(2) *Guardandola negli occhi, Carlo le ha chiesto di sposarlo*

EXIT
Boss
AIDS
mouse
Check in
Design
WELFARE
software
computer
manager
Governance

• **comparire**: apparire.
• **lamentarsi**: esprimere scontentezza, insoddisfazione, delusione per qualcosa o qualcuno.

Osserva bene la carta di credito riprodotta qui sopra: in alto a destra nella seconda riga trovi POSTE ITALIANE. Vedi altre parole italiane?

Non ce ne sono – e se l'inglese domina nella carta di credito delle poste *italiane*, puoi immaginare cosa avviene nel resto. Le scritte che trovi qui sopra e della pagina a fronte sono solo alcune delle parole che **compaiono** quotidianamente nei discorsi, in televisione, nei giornali.

Manca la sensibilità a difesa dell'italiano, per cui si usa l'inglese anche dove c'è un perfetto corrispondente nella nostra lingua: nelle cronache il calcio di rigore diventa spesso *penalty*, il fuori gioco *off side*, il direttore è *manager*, la banca dati è un *data base*, il dibattito televisivo è un *talk show* e così via.

Perché?

Spesso si è parlato di mancanza di stima degli italiani verso se stessi, della tendenza a ritenere che quel che viene dall'estero sia sempre migliore (a parte il fatto che poi, alla fine, gli italiani risultano sempre campanilisti, cioé attaccati al loro paese...), di pressione della globalizzazione sulla lingua e non solo sulle aziende. Ma la storia è più lunga: già nell'Ottocento Manzoni, il più grande romanziere italiano di quel secolo, **si lamentava** dell'eccesso dei francesismi...

Forse c'è un'altra ragione. Gli italiani non sanno bene le lingue: l'eurobarometro (un centro di statistica che trovi nel sito dell'Unione Europea) dice che siamo tra gli ultimi quanto a competenza nelle lingue straniere, solo il 36% dichiara di sapersi esprimere in una lingua diversa dall'italiano – e proprio per questo, per fingere di sapere l'inglese, gli italiani hanno riempito la loro lingua di termini inglesi, spesso pronunciati male anche dai giornalisti televisivi...

Ma c'è un ulteriore fenomeno. Si creano sempre più spesso parole italiane partendo da originali inglesi: ad esempio, "bypassare", pronunciato "baipassare"; "stoppare", con la doppia "p", al posto di fermare"; "resettare", da *reset*, termine comune nei computer – parola, quest'ultima, che conserva la pronuncia "iu" anche in "computerizzato; e si cerano anche mostri come "emailare", da *e-mail*...

Almeno tu, che sei straniero e studi l'italiano, cerca di usare bene la nostra lingua, lascia che a rovinarla con l'inglese siano gli italiani!

L'impatto dell'inglese
(Economia e società)

PRIMO CONTATTO

1. Gioca con la memoria! Forma una squadra con i compagni. In 5 minuti scrivete il maggior numero di parole inglesi entrate nella lingua italiana. Vince chi ne scrive di più.

2. Fatti un'idea! Dopo aver letto la scheda, trova almeno tre ragioni che spiegano la presenza di così tante parole inglesi nella lingua italiana. Confronta poi le tue soluzioni con quelle di un compagno.
Quali altre ragioni potrebbero esserci? Discutine con la classe.

3. Cerca nel testo! Trova nel testo i termini inglesi o di origine inglese che si usano al posto delle seguenti parole italiane.

a. Fermare: _____
b. Cancellare: _____
c. Banca Dati: _____
d. Spettacolo televisivo: _____
e. Scavalcare: _____
f. Inviare e-mail: _____

OLTRE IL TESTO

4. Gioca con le parole! Nella lingua italiana non si trovano solo parole di origine inglese, ma anche parole ed espressioni di altre lingue. Leggi le seguenti espressioni: a quale lingua appartengono? Ne conosci il significato? Prova a spiegarle chiedendo eventualmente aiuto all'insegnante.

a. savoir faire   c. tutor   e. coupon   g. blitz   i. bunker   k. élite
b. macho   d. bon ton   f. kamikaze   h. slogan   j. fon   l. curriculum

5. Discutiamo! Leggi e commenta l'opinione di un lettore del *Corriere della Sera* riguardo all'uso delle parole straniere nell'italiano.

Molti linguisti sono contrari all'uso eccessivo di parole straniere nell'Italiano. Condivido questa posizione, tanto più che le parole straniere, quasi sempre inglesi, sono spesso utilizzate da noi con significati diversi da quelli originali e spesso con pronuncia "storpiata". Sappiamo bene che in Francia si è arrivato a vietare per legge l'uso di termini stranieri e che, senza arrivare a tanto, anche molti paesi ispanofoni preferiscono la traduzione in spagnolo dei termini inglesi. Mi domando: non sarebbe più utile unire gli sforzi? Non converrebbe che i linguisti francesi, spagnoli, italiani, procedessero insieme a tradurre univocamente nelle rispettive lingue i termini "nuovi" che vengono dall'Inglese? Per fare un esempio è ovvio che è più comodo usare in tutto il mondo il termine "computer" piuttosto che chiamare lo stesso oggetto "ordinateur" in Francia, "computador" in Spagna, ecc. Non ci si potrebbe mettere d'accordo per un unico termine di origine latina da declinare poi secondo le lievi differenze delle varie lingue neolatine? Così il nuovo vocabolo avrebbe nel mondo una diffusione pari o superiore a quella del suo "concorrente" inglese, cosa che ne faciliterebbe l'affermazione pur in mancanza di leggi che ne impongano l'uso.

Attività linguistiche

Eserciziario

Cosa trovi in questa sezione

In quasi tutte le schede di questo libro hai trovato un *bloc notes* con un approfondimento su alcuni aspetti della lingua italiana. In questa sezione hai la possibilità di esercitarti su quegli aspetti; troverai infatti una o più attività linguistiche relative a ciascun *bloc notes*, e una freccia che ti rimanda alla scheda dove abbiamo descritto quel particolare aspetto linguistico. Alla fine del libro trovi anche tutte le soluzioni delle attività.

Come puoi usare questa sezione

... un po' come vuoi! Le attività linguistiche che proponiamo non sono infatti in ordine di difficoltà. Dopo aver letto una scheda e aver fatto le attività di comprensione, puoi decidere di leggere prima le descrizioni nel *bloc notes* e poi andare all'attività linguistica di questa sezione; oppure, se pensi già di conoscere l'argomento del *bloc notes*, puoi fare prima gli esercizi relativi e, solo se avrai fatto qualche errore, rivedere la spiegazione grammaticale. Puoi anche decidere di leggere prima due o tre schede e poi concentrarti sugli aspetti grammaticali. Insomma, puoi usare questa sezione nel modo che ti sembra più utile.

Buon lavoro

cfr. **scheda 1**

IL "SI" IMPERSONALE

1. Trasforma le seguenti frasi usando il SI impersonale.

a. In estate di solito la gente va al mare o in montagna.

_____

_____

b. Dopo la laurea di base è possibile cercare un lavoro o continuare a studiare.

_____

_____

c. 50 anni fa poche persone frequentavano l'università.

_____

_____

d. Secondo me la gente dovrebbe pensare meno a sé stessa.

_____

_____

cfr. **scheda 2**

IL "SI" PASSIVANTE

2. Leggi questo articolo di cronaca e inserisci il verbo al Passato Prossimo usando il SI passivante.

BABY-VANDALI ALL'ATTACCO
Ancora atti di vandalismo: 6 casi in 10 giorni

I baby-vandali dilagano e colpiscono le scuole. Questa volta la situazione sembra preoccupante. In poco più di 10 giorni si sono verificati 6 atti di vandalismo nelle scuole: edifici allagati, aule incendiate, muri imbrattati di vernice. Gli autori di queste devastazioni sono ragazzini tra i 12 e i 14 anni, a volte anche più piccoli. E non pensate che questi fatti succedano solo al Sud: dei 6 casi ben 4 si sono verificati al Nord, in provincia di Milano e di Torino.

Il caso più clamoroso è accaduto a Rozzano, in Lombardia. (incendiare) _____ le aule di chimica e biologia della scuola. Inizialmente si pensava ad un incendio accidentale, ma la polizia, che è stata chiamata ad indagare sul fatto, ha subito scoperto che si trattava di incendio doloso. Il danno era così grave che (dover chiudere) _____ la scuola per una settimana. Altrettanto grave il caso di Bergamo, dove (allagare) _____ un intero edificio. (scoprire) _____ che il colpevole è un ragazzino di soli 11 anni, che poco prima che la scuola chiudesse ha rotto i tubi dell'acqua di tutti i bagni. Il ragazzino ha iniziato a preoccuparsi solo quando gli è stato detto che i suoi genitori avrebbero dovuto pagare 40 mila euro di danni.

cfr. **scheda 4**

IL PRONOME "CUI"

3. Collega queste frasi usando CUI.

a. E' molto diffuso il "commercio equo e solidale". I guadagni del "commercio equo e solidale" servono per scopi umanitari.

_____

_____

b. Era un uomo povero. La sua vita è cambiata quando ha vinto alla lotteria.

_____

_____

c. Marco e Anna sono due giovani innamorati. Il loro desiderio è sposarsi prima possibile.

_____

_____

Attività linguistiche
(Esercizi)

cfr. **scheda 5**

LE CONGIUNZIONI COORDINANTI

4. Inserisci le congiunzioni coordinanti nelle seguenti frasi.

   QUINDI, INFATTI, SIA... SIA..., COSÌ, NE'... NE'

   a. Elisa è _____ bella _____ simpatica.
   b. Qui non si può entrare, _____ uscite immediatamente!
   c. Non mi piacciono _____ la pizza _____ la pasta.
   d. Vi lasciamo soli, _____ potete discutere dei vostri problemi.
   e. Mia sorella è bravissima in inglese! _____ prende sempre il massimo dei voti!

cfr. **scheda 6**

I MONOSILLABI ACCENTATI

5. Sottolinea la forma corretta.

Marta viene (da/dà) Milano ed (e/é) una ragazza che non (da/dà) molte confidenze. Ogni tanto le (do/dò) lezioni di pianoforte (e/è) devo dire che è una studentessa molto diligente e mi (da/dà) molte soddisfazioni. Il suo pezzo preferito è la messa in (do/Do) minore di Mozart, e (si/sì) impegna molto per suonarla alla perfezione.

cfr. **scheda 7**

L'ELISIONE

6. Inserisci le parole tra parentesi negli spazi, facendo l'elisione quando è necessario.

   a. (La) _____ musica rock è la mia preferita.

   b. Vasco Rossi ha circa (cinquanta) _____ anni, ma è molto amato dai giovani.
   c. (Lo) _____ anno scorso Carmen Consoli ha fatto (un) _____ concerto a Taormina.
   d. (Quello) _____ album è di Jovanotti?

cfr. **scheda 8**

L'AUSILIARE "ESSERE" NEL PASSATO PROSSIMO

7. Leggi queste curiosità su una famosa squadra di calcio italiana, la Juventus, e inserisci le forme corrette del Passato Prossimo.

Dal campionato 1929/1930, la Juventus (giocare) _____ sempre _____ nel campionato italiano di massima serie.
Negli ultimi 75 campionati, (classificarsi) _____ 28 volte prima, 16 volte seconda e 9 volte terza.
(Essere) _____ la prima squadra europea ad avere vinto tutte e tre le grandi competizioni continentali (Coppa Uefa, Coppa delle Coppe, Coppa dei Campioni, ora Champions League).
Dagli anni Venti in poi (essere legata) _____ sempre _____ al destino della famiglia Agnelli, che oggi possiede circa 2/3 del capitale della società quotata in borsa. Nel campionato 2005/2006 (battere) _____ il proprio record (di vittorie consecutive, arrivando consecutivamente a 9 vittorie.

cfr. **scheda 9**

IL SUPERLATIVO RELATIVO

8. Metti in ordine gli elementi delle seguenti frasi.

   a. PIU' - ITALIANI - CHE - SIA - IL - MONDO GLI - PENSANO - DEL - BELLO - LORO IL - CAMPIONATO

_____

_____

b. IL - D' - LO - DI - SAN SIRO - PIU' - STADIO
    GRANDE - E' - ITALIA.

_____

_____

c. L' - PIU' - D' - E' - ARBITRO - ITALIA
    COLLINA - FAMOSO

_____

_____

cfr. **scheda 10**

L'ARTICOLO INDETERMINATIVO "UNO"

9. Collega gli articoli indeterminativi ai
    nomi corrispondenti:

un	scuola
un	programma
un	porta
un	lavagna
uno	allievo
uno	colore
una	insegnante
una	studente
una	studentessa
una	specchio
una	allieva
un'	matita

cfr. **scheda 11**

LE PREPOSIZIONI DI LUOGO "IN" E "A"

10. Inserisci nel seguente testo IN o A (usa
    anche l'articolo, se necessario).

_____ Italia negli ultimi anni i giovani fanno sport soprattutto per divertirsi e tenersi in forma. _____ inverno spesso si va _____ piscina e _____ palestra, e chi può va _____ montagna. Ormai anche _____ piccole città ci sono strutture per lo sport. Ad esempio, anche _____ Chioggia, una piccola città _____ Veneto, ci sono palestre e piscine. Per rilassarsi, molti italiani amano andare _____ terme. _____ estate, invece, la maggior parte degli italiani va _____ mare.

cfr. **scheda 12**

LA FORMA PASSIVA DEL PRESENTE INDICATIVO

11. Come si fa la pizza margherita?
    Leggi il testo e inserisci i verbi al passivo
    del presente indicativo, e lo scoprirai!

Il lievito di birra (sciogliere) _____ nell'acqua tiepida e poi (aggiungere) _____ lo zucchero e la farina. Il tutto (mettere) _____ nell'impastatrice, aggiungendo 4 cucchiai d'olio. Dopo 2 minuti (aggiungere) _____ il sale e si continua ad impastare per altri 4/5 minuti.
L'impasto (tirare fuori) _____ e infarinato.
Il tutto (coprire) _____ con un tovagliolo e lasciato lievitare per 1 ora in luogo tiepido.
Poi l'impasto (modellare) _____ finché diventa rotondo e sottile. Le pizze (mettere) _____ sulla placca foderata con carta oleata, e (far lievitare) _____ lievitare ancora per 20 minuti.
Poi il pomodoro (distribuire) _____ sulle pizze e (mettere) _____ un filo d'olio.
Le pizze (mettere) _____ di nuovo in forno a 200° per 15 minuti, poi (sfornare) _____ e condite con la mozzarella, il basilico leggermente unto, un pizzico di origano e ancora un filo d'olio.
Si rimette tutto in forno e si completa la cottura per altri 5 minuti.

Attività linguistiche
(Esercizi)

cfr. **scheda 13**

I PRONOMI OGGETTO DIRETTO

12. Osserva le seguenti frasi e stabilisci quali pronomi sono diretti e quali non lo sono

a. Ti piace la pizza ai peperoni? Io non la mangio mai.
b. Questa torta è buonissima! Dove l'hai comprata?
c. Marta mi ha dato la ricetta della cassata siciliana. L'ho fatta ieri, ma non mi è venuta molto bene…

cfr. **scheda 14**

L'INFINITO SOSTANTIVATO

13. Inserisci i verbi all'infinito nello spazio corretto e imparerai alcuni proverbi italiani!

ERRARE - FIDARSI - FIDARSI - PARTIRE, PERSEVERARE - TENTAR

a. _____ è umano, _____ è diabolico.
b. _____ non nuoce.
c. _____ è un po' morire.
d. _____ è bene, non _____ è meglio.

cfr. **scheda 16**

ESPRESSIONI CON IL CONGIUNTIVO

14. Congiuntivo o indicativo? Correggi le seguenti frasi, se necessario.

a. E' importante che gli studenti sono aperti a nuovi metodi di insegnamento.
b. Io penso che all'inizio sia fondamentale imparare la grammatica.

c. Per me invece non sia molto importante studiare la grammatica.
d. Secondo me, invece, è fondamentale che gli insegnanti fanno conversazione.
e. Io penso che è anche utile che gli insegnanti correggano gli errori, ma non sempre.

cfr. **scheda 17**

PER CUI

15. Nel seguente testo sostituisci PER CUI con espressioni con lo stesso significato.

Matilde ha 61 anni ed ha 2 nipotini di 4 e 8 anni. Sua figlia Laura lavora tutto il giorno, per cui lei l'aiuta a badare ai nipoti. Laura è una manager aziendale, per cui è fuori casa dalla mattina alla sera. Per cui Matilde porta i bambini a scuola e passa con loro tutto il pomeriggio. Il marito di Matilde si chiama Vincenzo, ha 74 anni ed è malato, per cui Matilde deve aiutare anche lui. Matilde è una donna molto dinamica, le piace studiare, per cui si è iscritta ad un corso di inglese. Il corso la impegna due volte alla settimana, per cui ha trovato una baby-sitter che badi ai bambini per quei due pomeriggi.

cfr. **scheda 18**

IL PRESENTE PROGRESSIVO

16. Osserva e scrivi ciò che sta succedendo in questo momento nel luogo dove sei. Ci sono persone? Cosa stanno facendo?

cfr. **scheda 19**

PRONOMI DIMOSTRATIVI

17. Nelle seguenti frasi, evita le ripetizioni usando il pronome dimostrativo corretto.

a. I giornali di sinistra sono più diffusi dei giornali di destra.

_____
_____
_____

b. Gli italiani leggono molto sia il giornale di informazione sia il giornale sportivo.

_____
_____
_____

c. La foto in prima pagina sul Corriere della Sera è uguale alla foto sul Gazzettino.

_____
_____
_____

cfr. scheda 20

LA FORMA *DICASI*

18. Trasforma questi annunci usando forme simili a DICASI.

a. Affittiamo un garage a 350 euro mensili.

   AFFITTASI garage, 350 euro mensili.

b. Questa casa antica è in vendita.

_____
_____

c. Cerchiamo una commessa con esperienza.

_____
_____
_____

d. Si affittano appartamenti per le vacanze.

_____
_____

cfr. scheda 21

PAROLE STRANIERE AL PLURALE

19. Cerca queste parole straniere sul dizionario italiano e verifica il loro genere e il loro numero.

a. Fashion
b. Trendy
c. Avances
d. Jeans
e. Trash
f. Tapas

cfr. scheda 22

FORME RIFLESSIVE PARTICOLARI

20. Riscrivi il testo mettendo i verbi alla forma riflessiva quando è possibile, per dare più enfasi.

Ieri ho passato proprio una bella serata! Sono andato al ristorante con Claudio e Beatrice: abbiamo mangiato un sacco di cose e abbiamo bevuto dell'ottimo vino bianco! Dopo cena siamo andati al bar, dove abbiamo visto la partita Italia - USA insieme ad altri amici... eravamo agitatissimi per la partita e abbiamo fumato troppe sigarette... La partita è finita in pareggio, ma è stato bello vederla insieme!

cfr. scheda 23

IL *NE* PARTITIVO

21. Inserisci il pronome NE al posto giusto.

a. Quelle scarpe sono bellissime! Vorrei comprare un paio per me.
b. Devono essere buone queste mele, comprerò tre o quattro.
c. Ti piacciono i film d'amore? Io non ho mai visto uno in vita mia!

Attività linguistiche
(Esercizi)

d. Hai visto l'offerta sulle confezioni di caffè? Prendendo tre, una è in omaggio!
e. Come fai a dire che non ti piacciono le canzoni di Vasco Rossi, se non hai ascoltata neanche una?

d. Questo incrocio è pericoloso. Il semaforo non funziona da alcuni giorni.

_____

_____

cfr. **scheda 24**

L'AGGETTIVO BUONO

21. Correggi le seguenti frasi, se necessario.

a. Il treno è un buono mezzo di trasporto.
b. I servizi nella maggior parte dei treni italiani sono di buona qualità.
c. I viaggi sui treni italiani sono a buono prezzo, rispetto a molti altri paesi.
d. Spesso nelle carrozze ristorante è possibile mangiare un buono pasto caldo.

cfr. **scheda 25**

ESPRIMERE UNA CONCESSIONE

23. Collega le due frasi usando uno dei modi per esprimere una concessione spiegati a pag. 59.

a. E' una macchina di piccole dimensioni. E' abbastanza comoda.

_____

_____

b. Questa è la strada principale della città. Da anni è interrotta per lavori pubblici.

_____

_____

c. Ho comprato questa macchina solo ieri. Oggi non parte.

_____

_____

cfr. **scheda 26**

CI + NE

24. Nel seguente testo inserisci CI, NE o entrambi.

Hiro è un ragazzo giapponese che studia Arte ed ama l'Italia. _____ è venuto molte volte e _____ è entusiasta! Gli piace soprattutto la cucina italiana: ha imparato a cucinare molti piatti italiani e _____ riesce bene! Ieri è tornato a trovar_____ a Venezia. Era molto contento di vederci, ma era stanco per le ore di viaggio: _____ vogliono moltissime per arrivare qui da Giappone. Ieri _____ ha portato dei portafortuna giapponesi: _____ ha portato uno per ciascuno di noi.

cfr. **scheda 27**

PLURALE DEI NOMI IN –CIA E –GIA

25. Forma il plurale dei seguenti nomi e inseriscili nella tabella.

Magia, farmacia, saggia, arancia, valigia, camicia, pancia, frangia, allergia, faccia, loggia.

Plurale in –cie/gie	Plurale in –ce/ge

cfr. **scheda 29**

SOSTANTIVI CON IL DOPPIO PLURALE

26. Queste parole hanno due plurali. Cercali nel dizionario e scoprine le differenze di significato.

Braccio, gesto, filo, fuso, membro.

cfr. **scheda 30**

PAROLE COMPOSTE

27. Con o senza trattino? A partire dalle parole date forma 8 parole composte usando il trattino solo se necessario.

americano; angelo; anti; cane; capo; chiave; donna; filo; globalizzazione; moto; muto; parola; pesce; raduno; sordo; stazione.

_____

_____

_____

_____

cfr. **scheda 32**

LA CONGIUNZIONE *ORMAI*

28. Nelle seguenti frasi spiega il significato di ormai aiutandoti con gli esempi di pag. 75.

a. Ti ho detto di non chiamarmi più! Ormai è tutto finito tra noi due!
b. Ormai tra pochi giorni arriverà l'estate e potremo riposarci.
c. Sono già le 20:30, ormai il telegiornale sarà finito.
d. Eros Ramazzotti è ormai un artista internazionale.

cfr. **scheda 33**

DA + INFINITO

29. Nelle seguenti frasi sostituisci DA + INFINITO usando espressioni con lo stesso significato.

a. Questo esercizio è tutto da rifare! Non vedi quanti errori hai fatto?

_____

_____

_____

b. Domani esce in edicola il nuovo libro di Tom Wolf a soli 12,90 euro. E' un'occasione da non perdere!

_____

_____

_____

c. Non posso uscire stasera, ho troppe cose da fare.

_____

_____

_____

cfr. **scheda 34**

FARE + INFINITO

30. Forma delle frasi usando la forma FARE + INFINITO. Decidi tu se coniugare *fare* al presente, al passato o al futuro.

a. Luisa / aspettare / sempre / i suoi amici

_____

Attività linguistiche
(Esercizi)

b. Enrico / pulire / la macchina / suo figlio

_____

_____

c. Io / tagliare / i capelli / il barbiere

_____

_____

d. La pizza / impazzire / me

_____

_____

cfr. scheda 36

IL *SI* PASSIVANTE: ACCORDO OGGETTO-VERBO

31. Leggi il seguente brano e completa le parole con le terminazioni corrette.

In Italia si sono fatt__ molti passi in avanti per la difesa dell'ambiente. Si è approvat__ una legge anti-fumo, si è cercat__ di diminuire lo spreco della carta, si sono organizzat__ campagne per sensibilizzare gli italiani alla raccolta differenziata. Anche se ci sono ancora molte altre cose da fare, si è riuscit__ in parte ad educare gli italiani al rispetto per l'ambiente dove vivono.

cfr. scheda 37

IL PRESENTE STORICO

32. Completa questo brano di storia medievale usando il presente storico.

I popoli germanici, nella seconda metà del IV secolo, (avviare) _____ un movimento migratorio al di qua del Reno e del Danubio verso l' Europa occidentale.
Quelli che fino ad ora erano stati insediamenti pacifici entro i confini dell' Impero (divenire)

_____ movimenti sempre più disordinati e violenti che non (coinvolgere) _____ l'Impero d'Oriente.
Questa migrazione (cambiare) _____ la geografia politica dell' Europa occidentale.
Nel V-VI secolo (nascere) _____ nuovi regni creati dall'insediamento dei popoli nomadi nei territori dell'ex impero d'Occidente.
(definire) _____ " regni romano-barbarici " per sottolineare gli elementi di continuità, economici, giuridici, amministrativi con la preesistente romanità.

cfr. scheda 38

IL PRONOME RELATIVO *CUI*

33. Nelle seguenti frasi scegli il pronome corretto.

a. La persona *che/cui/a cui* hai salutato mi ricorda un vecchio amico.
b. Non ripetere sempre le cose *che/cui/a cui* dico io.
c. Luca è proprio una persona *che/a cui/di cui* ti puoi fidare.
d. Elisa è una ragazza *che/per cui/su cui* provo molta simpatia.
e. Nel momento *che/in cui/a cui* l'ho vista mi sono subito innamorato di lei.

cfr. scheda 39

ANCHE O PURE?

34. In quali di queste frasi è possibile sostituire PURE con ANCHE?

a. Non aspettatemi, andate pure avanti.
b. Pure mia zia si è trasferita al Nord in cerca di lavoro.
c. Cambia pure canale, io mi sono stancato di guardare la tv.
d. L'esame è andato benissimo: ho preso il massimo dei voti e pure la lode.

cfr. **scheda 41**

GLI AGGETTIVI INDEFINITI INVARIABILI

35. Correggi le frasi mettendo l'aggettivo indefinito corretto (qualche, qualsiasi, ogni, qualunque).

a. Qualche volta che torno a casa non trovo mai nessuno ad aspettarmi.
b. Ogni cosa tu dica, non cambierò idea.
c. Marilena è in ritardo, deve aver avuto qualsiasi problema con la macchina.
d. "Per ogni dollaro in più" è un bel film di Sergio Leone.

cfr. **scheda 42**

I PRONOMI PERSONALI SOGGETTO

36. Leggi questo brano letterario, tratto da "Senilità" di Italo Svevo, sottolinea con colori diversi i pronomi personali soggetto e i pronomi oggetto.

Una sera egli doveva trovarsi con lei alle venti precise, ma mezz'ora prima, il Balli mandò ad avvisarlo che lo attendeva al Chiozza, giusto a quell'ora, per fargli delle comunicazioni importantissime. Egli s'era già schermito da altri simili inviti che avevano soltanto lo scopo di strapparlo qualche volta ad Angiolina, ma quel giorno colse il pretesto di rimandare l'appuntamento per penetrare nella casa della fanciulla. Avrebbe studiata quella persona importante nella sua vita, nelle cose e nelle persone che la attorniavano. Già cieco, egli conservava tuttavia il contegno delle persone che vedono bene. [...]
Venne ad aprirgli una ragazzina, decenne forse, con un ragnatelo di vestito goffo e lungo, bionda come Angiolina, ma gli occhi smorti, la faccia giallastra, anemica. Non parve per nulla sorpresa al vedere un volto nuovo; soltanto sollevò e fermò con la mano al petto i lembi del giacchettino privo di bottoni. - Buon giorno! Ella desidera? - Aveva una

cortesia cerimoniosa fuori di posto nella personcina puerile.

cfr. **scheda 44**

IL PASSATO REMOTO

37. In quale di queste frasi è scorretto usare il passato remoto? Motiva le tue risposte.

a. Colombo scoprì l'America nel 1492.
b. Ieri sera andai a cena con Sandra.
c. Dopo quella telefonata non ebbi più sue notizie.
d. Cosa facesti stamattina?
e. La Prima Guerra mondiale iniziò nel 1914.

cfr. **scheda 45**

PAROLE CON LA LETTERA INIZIALE MAIUSCOLA

38. Queste parole si scrivono allo stesso modo, ma cambiano significato se la lettera iniziale è maiuscola. Spiega le differenze di significato!

a. Lingue vs. lingue
b. Interni vs. interni
c. Madonna vs. madonna
d. Camera vs. camera

cfr. **scheda 46**

FORME REGOLARI DEL PASSATO REMOTO

39. Nelle seguenti frasi ci sono alcune forme scorrette del passato remoto. Trova gli errori e correggili!

a. Quando partammo per Milano trovammo un traffico pazzesco.
b. I Veneziani costrurono il campanile di San Marco nel 1200.

Attività linguistiche
(Esercizi)

c. Quello fu l'ultimo concerto in cui Mina cantà dal vivo.
d. La televisione fu uno degli strumenti di diffusione dell'italiano.
e. Pirandello ricevì il Premio Nobel nel 1934.

cfr. **scheda 48**

USO DEGLI ARTICOLI CON LE DATE

40. Nel seguente brano di storia contemporanea inserisci, se necessario, le preposizioni con o senza articolo.

Dopo che il nazismo e il fascismo avevano preso piede in Germania e Italia, i due dittatori iniziarono a colonizzare le terre nel continente nero. L'Italia conquistò una piccola parte di terreno in Africa (l'Etiopia) il 5 maggio ___ 1934. ___ quegli anni due nazioni che volevano aumentare il consenso del popolo fecero bonificare paludi, costruire opere pubbliche e durante la guerra di Spagna mandarono truppe in aiuto di Franco.
___ 1937 morirono dei grandi antifascisti che tentavano di contrastare il regime con discorsi, dibattiti e manifestazioni. ___ quell'anno morirono i fratelli Rosselli e anche Antonio Gramsci.
Dopo le prime conquiste, i due imperi formarono il "patto d'acciaio" il 22 maggio ___ 1939 che doveva durare dieci anni (dopo ___ 6 anni si sciolse), questo patto diceva che c'era un aiuto reciproco tra le due potenze.

cfr. **scheda 50**

COSTRUZIONI SINTATTICHE MARCATE

41. Trasforma le seguenti frasi usando una costruzione marcata.

a. I più deboli pagano sempre le conseguenze delle azioni dei potenti.

_____

_____

b. Non posso rispondere sempre al telefono al posto tuo!

_____

_____

c. Lei ha rubato i soldi dalla cassaforte.

_____

_____

d. Non cambia molto se questo lavoro lo facciamo insieme.

_____

_____

cfr. **scheda 51**

IL PERIODO IPOTETICO DELL'IMPOSSIBILITA'

42. Leggi le seguenti frasi e correggi i tempi verbali, se necessario.

a. Se mi avessi raccontato la verità, non ci sarebbero stati tutti questi problemi.
b. Se non avrebbe fatto la spesa, questa sera non avremmo avuto niente da mangiare.
c. Se mi aveste avvisato per tempo, fossi uscito con voi questa sera.
d. Forse tutto questo non fosse successo, se Angela non lo avrebbe lasciato da solo.

cfr. **scheda 52**

ANDARE + GERUNDIO

43. Nelle seguenti frasi sostituisci ANDARE + GERUNDIO usando espressioni con lo stesso significato.

a. Perché Lucia va dicendo a tutti che si sta per laureare, quando le mancano ancora sei esami?

_____

b. Il numero di disoccupati in Italia va diminuendo sensibilmente.

_____

_____

c. Quel cagnolino da giorni va cercando il suo padrone.

_____

_____

_____

_____

d. La pasta era buona, ma troppo pesante. Ho mal di stomaco.

_____

_____

cfr. **scheda 54**

PREFISSO *RI-*

44. Trasforma queste parole usando il prefisso *ri-*

Costruire, iniziare, eleggere, impostare, aggiustare, iterare, leggere, ascoltare.

_____

_____

cfr. **scheda 56**

USI E SIGNIFICATI DELLA CONGIUNZIONE *PERCHE'*

45. Metti insieme le seguenti frasi usando la congiunzione perche' con valore causale o finale.

a. Sono molto stanco. Non esco stasera.

_____

_____

b. Possiamo superare il test. Miriam ci aiuta a fare gli esercizi.

_____

_____

c. Gli animali andrebbero lasciati liberi. Così possono vivere secondo natura.

cfr. **scheda 57**

IL SUFFISSO *-BILE*

46. A partire dalle parole date costruisci l'aggettivo corrispondente usando il suffisso –bile.

a. Sentire - _____
b. Fare - _____
c. Mangiare - _____
d. Dedurre - _____
e. Riciclare - _____
f. Comprendere - _____
g. Salvare - _____
h. Bere - _____

cfr. **scheda 58**

LA POSIZIONE DEI PRONOMI RIFLESSIVI

47. Nelle seguenti frasi alcuni pronomi riflessivi solo in posizione sbagliata. Trovali e correggili!

a. In Italia è difficile si trovare un lavoro coerente con i propri studi.
b. Il numero degli immigrati in Italia sta si moltiplicando.
c. Gli insegnanti si stanno aprendo a nuovi metodi didattici.
d. Molte comunità cinesi in Italia non sono integratesi con la società italiana.
e. Non ero mai mi accorto di quanto fosse difficile la nostra lingua.

Attività linguistiche
(Esercizi)

cfr. **scheda 60**

LE CONGIUNZIONI CONCLUSIVE

48. Leggi il seguente articolo di giornale e inserisci le congiunzioni conclusive quando e dove è necessario.

ALLA MARCIANA LE CARTE INEDITE DI CARLO GOZZI, 200 ANNI DOPO

Si inaugura il 20 luglio, in concomitanza con gli spettacoli e le manifestazioni della Biennale Teatro di Maurizio Scaparro, la mostra «Carlo Gozzi (1720-1806). Stravaganze sceniche, letterarie battaglie» in occasione, quest'anno, del bicentenario della sua morte. L'esposizione resterà aperta sino al 10 settembre a Venezia, nelle Sale Monumentali della Biblioteca Nazionale Marciana. La mostra prende avvio da una circostanza particolare: negli scorsi mesi la Biblioteca Marciana ha acquisito un importante fondo letterario dello scrittore e della famiglia Gozzi, sinora ignoto, che contiene autografi soprattutto di Carlo. La scoperta è di grande rilevanza: in migliaia di pagine sono conservate redazioni preparatorie di scritti pubblicati e molti testi inediti. In gran parte sono pieces di teatro, ma anche novelle, poesie e una redazione originaria ignota delle "Memorie inutili", l'autobiografia gozziana uscita nel 1797. Si tratta di una documentazione di grande importanza, destinata a riaprire il cantiere degli studi gozziani. La mostra sarà l'occasione per presentare al pubblico la personalità e l'opera di Carlo Gozzi, su cui gli scritti inediti forniscono elementi nuovi. Terminati i lavori di catalogazione e ordinamento, ora il fondo Gozzi viene presentato al pubblico e agli studiosi, in una mostra che ne indica i percorsi tematici e in un catalogo edito da Marsilio - che fornisce dieci primi contributi di studio, l'inventario del fondo e un breve inedito teatrale.

cfr. **scheda 61**

LE CONGIUNZIONI AVVERSATIVE

49. Unisci le seguenti frasi usando una congiunzione avversativa.

a. E' una persona molto simpatica. A volte parla troppo.

_____

_____

b. La crisi economica è evidente. Quest'anno i guadagni sono aumentati.

_____

_____

c. Questo libro mi è piaciuto molto. Il finale mi ha lasciato un po' perplesso.

_____

_____

d. Hai perfettamente ragione. Dovresti cercare di capire anche il mio punto di vista.

_____

_____

cfr. **scheda 62**

IL GERUNDIO CON SIGNIFICATO TEMPORALE

50. Leggi con attenzione le seguenti frasi e decidi se il gerundio esprime un'azione **CONTEMPORANEA** o **ANTERIORE**.

a. Tornando a casa, ho incontrato Valeria.

_____

b. Avendo letto oggi la tua mail, ti rispondo solo ora.

_____

c. Non è venuta alla festa, avvisandomi però con un messaggio.

_____

d. Uscendo di casa, mi sono ricordato che avevo dimenticato il gas accesso.

_____

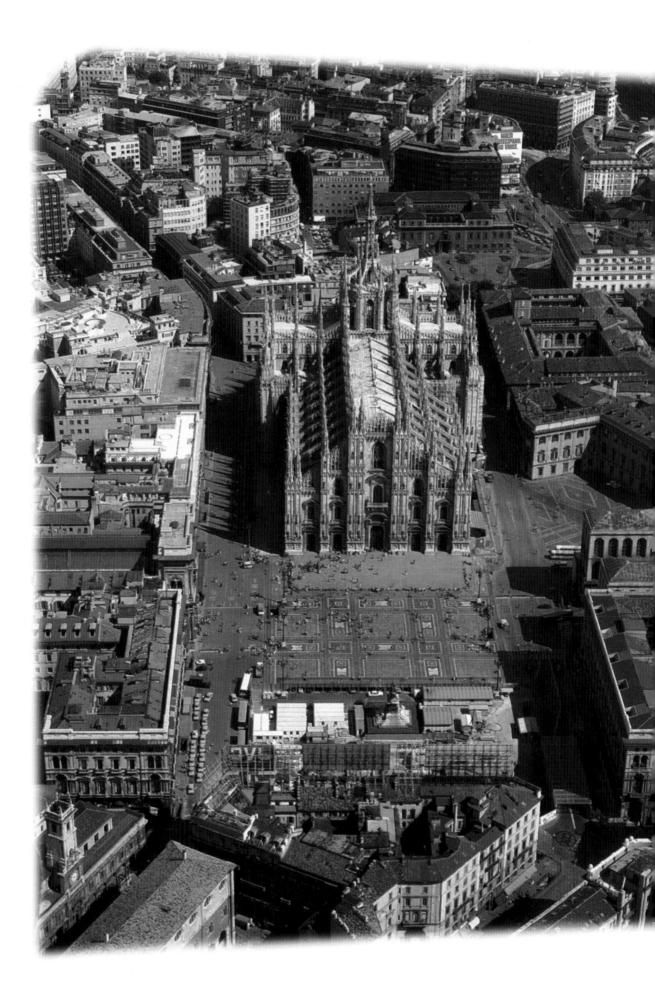

Attività linguistiche

Soluzioni

P.1 scheda 1 (La vita quotidiana)

LA SCUOLA ITALIANA

2. a. F; b. F; c. V; d. V; e. F.

P.1 scheda 2

A SCUOLA CON GLI IMMIGRATI

2.

DIFFICOLTÀ LINGUISTICHE	• Molti studenti stranieri arrivano in classe senza conoscere l'italiano.
DIFFICOLTÀ CULTURALI	• gli insegnanti devono lavorare con studenti con diversi modi di comportarsi, di considerare la scuola e il rapporto con l'insegnante; gli italiani non erano pronti a confrontarsi con culture totalmente diverse.
DIFFICOLTÀ DIDATTICHE	• lo Stato non ha aiutato gli insegnanti, che hanno dovuto creare da soli strumenti e metodi di lavoro con gli immigrati.

P.1 scheda 3

IL GIOVANE VOLONTARIO

2. 1-b; 2-c; 3-a.

3. b. volontariato classico; c. servizio civile; d. volontariato classico; e. volontariato organizzato.

P.1 scheda 4

IL GIOVANE CONSUMATORE

3. a. "Dall'altro il consumismo di è impadronito delle feste tradizionali..."; b. "L'Italia è stata per secoli poverissima..."; c. "Da un lato la nascita di enormi centri commerciali...".

4. a. enorme; b. berretto; c. vestiario; d. scusa; e. bisogno; f. causa.

P.1 scheda 5

IL GIOVANE LETTORE

2. a. ...fumetti e letteratura di consumo; b. ...Dylan Dog, Corto Maltese, Tex...; c. ...storie di un detective che si occupa di casi paranormali; d. ...fantasy, thriller, gialli, fantascienza.

3. a. giallo; b. fantasy; c. avventura; d. orrore.

P.1 scheda 6

I GIOVANI INNAMORATI

2. a. F; b. V; c. F; d. F; e. V.

3. a. moroso/a, ragazzo/a; b. fidanzato/a; c. convivenza; d. matrimonio.

P.1 scheda 7

I RAGAZZI E LA MUSICA

2. testo poetico, innovazione, tradizione, cantautore, sperimentazione.

3. a. SCUOLA CATANESE (Consoli, Battiato, Venuti): sperimentazione (ad esempio, Battiato mescola poesia, lingue e suoni elettronici). b. SCUOLA GENOVESE (de André, Paoli, Tenco...). c. SCUOLA BOLOGNESE: rock.

Soluzioni
(Percorso 1)

P.1 scheda 8

I RAGAZZI E LO SPORT

1.

A	R	B	I	T	R	O	
			G	O	A	L	
	T	I	F	O	S	O	
C	I	C	L	I	S	M	O
	C	A	L	C	I	O	

3. (possibili domande) a. Perché non è bene che i padri trasmettano la loro mania sportiva ai figli? b. Per quale ragione la maggior parte dei giovani fa sport? c. Dove vanno gli italiani per modellare il proprio corpo? d. Quali strutture sportive si possono trovare in città?

2. [...] In inverno spesso si va **in piscina** e in palestra, e chi può va in **montagna**. [...] molte persone iniziano a "fare jogging" in campagna o **nella periferia della città**, per prepararsi all'estate. In Italia **si è recentemente diffuso** lo sport della barca, e in molte zone è possibile fare regate. Comprare e prendersi cura di una barca ~~non~~ è molto costoso. [...].

3.

A	N	B	I	S	T	I	C	C	A	A	E
E	D	I	F	P	M	D	U	E	I	M	L
R	D	S	U	H	I	D	S	R	L	E	I
E	E	O	B	B	L	I	G	A	R	E	S
R	M	G	L	V	C	N	I	V	Q	T	I
R	O	N	S	N	H	E	T	O	A	T	T
O	R	O	N	N	I	E	A	R	Z	O	T
C	D	A	U	Q	A	P	O	T	Z	R	T

P.1 scheda 9

LO SPORT NAZIONALE: IL CALCIO

2. a. esagerare, ingigantire; b. avere il controllo assoluto; c. pensare di essere una persona molto importante.

3. 1-e; 2-a; 3-f; 4-b; 5-c; 6-d.

P.1 scheda 10

LO SPORT IN ROSSO: FERRARI E DUCATI

2. a. l'Emilia Romagna; b. modificano i loro motori per correre più velocemente; c. anche i bambini possono guidare piccole auto da corsa a bassa velocità; d. una fiera di auto e moto che si svolge a Bologna.

P.1 scheda 11

LO SPORT PER DIVERTIRSI

P.1 scheda 12

PASTA O PIZZA?

2. a. povero; b. comune; c. molti; d. diverso; e. non si sono; f. si sono.

3. a. al Nord riso e polenta, al Sud pizza e pasta; b. carne; c. fast food: hamburger, patatine; d. fast food "all'italiana": panini, pasta, risotto, pizza al taglio; diffusione ricette regionali.

P.1 scheda 13

AGNELLO, PESCE O MAIALE?

3. a. perché pescare era pericoloso e gli animali servivano per produrre latte e formaggio; b. perché mangiar troppa carne fa male alla salute; c. pesce, pasta, riso, pizza.

P.1 scheda 14

LA VITTORIA DELLO SLOW FOOD

2. b, d, c, f, a, g.
3. a. mettere insieme due persone o due cose;
   b. ristorante rustico a buon prezzo dove si
   mangiano piatti tradizionali; c. offesa data a chi
   ci ha fatto un torto.

P.1 scheda 15

LA CIVILTÀ DEL VINO

2. 1-e; 2-a; 3-h; 4-g; 5-d; 6-b; 7-c; 8-f.

P.1 scheda 16

L'ITALIA DELLE DONNE

2. intraprendente, istruita, indipendente, impegnata.

3.

TIPI DI LAVORO	operaia, impiegata, giornalista, colf.
VITA FAMIGLIARE	si sposa tardi, ha in genere un solo figlio.
ISTRUZIONE	la maggior parte è laureata.
PROBLEMI	deve assumere badanti per la cura degli anziani e colf per la pulizia della casa.

4. a. badante; b. collaboratrice familiare; c. manager;
   d. operaio.

P.1 scheda 17

L'ITALIA DEGLI ANZIANI

2. passatempi, istruzione per anziani, nonni.

3. (possibili domande) a. Dove passano il tempo
   molti anziani? b. Cosa fanno i nonni per aiutare
   i figli? c. Cosa si può fare all'università per la
   terza età? d. Dove si possono trovare corsi di
   ricamo?

P.1 scheda 18

RELIGIONE E RELIGIONI

3. *Perché oggi in Italia si trovano anche moschee e
   chiese ortodosse?* Perché in Italia ci sono molti
   immigrati.
   Quanti immigrati ci sono in Italia? Due milioni.
   I paesi da cui vengono gli immigrati sono cattolici? No.
   Come vivono molti italiani le feste religiose? Come
   feste consumistiche e di tradizione familiare.
   *Cosa sta succedendo in Italia dai primi anni del
   Duemila?* La religione è più presente nella vita
   pubblica (scuola, politica).
   Quanti italiani frequentano le chiese cattoliche?
   Meno di un terzo.
   Quanti italiani si definiscono credenti? Due italiani
   su tre.
   Cosa significa il fatto che la società italiana sia laica?
   La società laica crede che la religione sia un
   fatto privato.
   Cosa è successo negli anni '70 e '80?
   I referendum proposti dai cattolici su aborto e
   divorzio sono stati respinti dalla maggior parte
   degli italiani.

P.2 scheda 19 (Gli oggetti della vita quotidiana)

I GIORNALI DEL MATTINO

2.

CORRIERE DELLA SERA	ha un sito internet; non è legato né alla destra né alla sinistra; il suo giornalista più famoso è Montanelli; esprime le idee borghesi; è il più diffuso; esce ogni giorno; ha molte pagine sulla cultura.
LA REPUBBLICA	ha circa trent'anni; è di sinistra; ha molte pagine sulla cultura; ha un sito internet; esce ogni giorno.
LA GAZZETTA DELLO SPORT	si occupa di sport, esce ogni giorno.

Soluzioni
(Percorso 1/2)

3. a. edicola; b. rivista; c. settimanale;
   d. quindicinale; e. mensile; f. bimestrale

P.2 scheda 20

I FUMETTI

3. Il fumetto è considerato d'autore quando raggiunge una certa qualità artistica nelle immagini, nel soggetto e nelle sceneggiature delle storie.

P.2 scheda 21

LA RADIO BATTE LA TV

3. 1-d; 2-f; 3-a; 4-e; 5-b; 6-c.

P.2 scheda 22

MOTO E MOTORINI

2.

	V	I	A		
S	E	G	N	A	L	E
	S	E	L	L	A	
	P	A	T	E	N	T	E
C	A	S	C	O		

2. a. F; b. V; c. NT; d. V; e. NT.

P.2 scheda 23

L'AUTO DI TUTTI I GIORNI

2. La prima macchina **utilitaria** italiana è stata la Cinquecento, un'automobile piccola e piuttosto lenta, che **a differenza delle** auto moderne aveva il motore dietro e il portabagagli davanti. In Italia sono molto diffuse le macchine utilitarie perché sono perfette per viaggiare

nelle strade **strette**, tipicamente italiane, e per percorrere brevi distanze. Proprio perché sono così **strette**, le strade italiane spesso sono intasate dal traffico, che colpisce anche alcune autostrade importanti. **Il traffico** è un problema molto sentito in Italia, e dovuto anche al turismo internazionale.

3. a. mito; b. gioiello; c. dappertutto; d. pazzesco.

P.2 scheda 24

PER LE DISTANZE PIÙ LUNGHE

2. tipologie di treni; design ferroviario.

3. a. bassa; b. raramente; c. più di due; d. diverse da; e. sono tecnologicamente avanzati.

P.2 scheda 25

L'AUTO DEI SOGNI

2. a. Alfa Romeo; b. Miura Lamborghini; c. Lancia.

3. (possibili domande) a. Quali sono i maggiori designer automobilistici italiani? b. In quale regione sono prodotte le principali auto da sogno? c. Quali sono le caratteristiche essenziali delle auto da sogno prodotte in Italia?

4. il volante, la ruota; lo sportello; il finestrino; la gomma; il cofano; il tergicristallo.

P.2 scheda 26

LA MODA DI TUTTI I GIORNI

2. a. ...fanno più attenzione alla combinazione dei vari elementi del vestiario e la cura dei dettagli; b. ...in realtà non ha scelto gli abbinamenti in maniera casuale; c. ...con un paio di jeans; d. ... abiti eleganti perché vogliono entrare nel mondo degli affari.

P.2 scheda 27

IL MONDO DELL'ALTA MODA

3. a. L'anima classica predilige la semplicità e l'armonia dei colori e delle forme, mentre l'anima trasgressiva gioca sui colori e sulla provocazione.
b. Le cuciture non producono pieghe, le varie parti del vestito sono cucite con attenzione.
c. Scarpe, borse, cinghie, profumi, deodoranti, automobili, treni, mobili, oggetti d'arredamento.

4.

M	A	T	T	A	T	R	R	U	L	L	G	A	I	A
Z	A	N	Z	A	C	T	I	O	O	I	I	M	L	B
A	B	C	S	B	A	T	N	M	R	G	A	A	I	O
I	S	C	A	R	P	A	V	I	R	G	C	T	D	R
C	A	A	N	E	P	V	A	M	L	I	C	O	S	S
I	C	T	R	R	E	V	Z	I	I	F	A	T	M	A
M	C	U	A	B	L	E	A	G	L	A	L	T	A	F
A	Z	I	N	O	L	A	T	N	A	P	O	C	R	F
C	C	A	P	P	O	T	T	O	T	U	N	A	T	F
S	R	I	E	L	I	B	A	E	M	R	E	P	M	I

P.2 scheda 28

IL DESIGN ITALIANO

2. oggetti per la casa; esportazione; arredamento.

3. 1-e; 2-d; 3-b; 4-a; 5-c.

4. a. smettere; b. funzionale; c. cura.

P.3 scheda 29 (I luoghi degli italiani)

IL CENTRO STORICO

2. a. ...perché le strade sono strette e tortuose.
b. ...le auto dei residenti, i taxi e i mezzi per il trasporto delle merci. c. ...ci sono tranquillità e silenzio. d. ...le periferie sono cresciute senza controllo, quindi non si possono allargare le strade; mancano le metropolitane.

P.3 scheda 30

LA PERIFERIA

3.

PERIFERIE VECCHIE	PERIFERIE NUOVE
risalgono all'Ottocento o ai primi del Novecento, sono vivibili, fanno parte del centro storico, sono fatte di case piccole con giardini.	sono nate nel secondo dopoguerra, sono fatte di condomini e grandi palazzi, spesso senza spazi verdi; alcune sono abusive.

P.3 scheda 31

IL BORGO ANTICO

2. 1-e; 2-h; 3-d; 4-a; 5-c; 6-b; 7-g; 8-f.

3.

		M	I	L	A	N	O			
			T	O	R	I	N	O		
			A	M	A	L	F	I		
			B	O	L	O	G	N	A	
R	O	M	A							
		B	A	R	I					
		P	A	D	O	V	A			
			F	I	R	E	N	Z	E	
		N	A	P	O	L	I			

P.3 scheda 32

LE DUE CAPITALI

2. a. Perché a Milano ci sono le industrie, la Borsa e le sedi di numerose banche italiane e straniere. b. Fin dal III secolo, quando in epoca romana gli imperatori privilegiarono Mediolanum perché più vicina alle vie commerciali internazionali. c. Ha richiesto la secessione del Nord, l'uscita dall'Unione Europea e il ritorno alle lire, le vecchie monete

italiane. d. Sono i riti cattolici celebrati a Milano, che dimostrano l'autonomia anche religiosa di Milano.

3. a. decentrata; b. privilegiare; c. rivalità; d. premevano; e. secessione; f. consolida; g. si ritiene; h. contano.

P.3 scheda 33

LE CITTÀ D'ACQUA

3. a. V; b. F; c. V; d. F; e. NT; f. NT.

P.3 scheda 34

LE CITTÀ DELL'ARTE

2. arte e turismo; la vita in una città d'arte; restauro; disagi nelle città d'arte.

3. (possibili domande) a. Perché la gente è disposta a spendere molti soldi per vivere nelle città d'arte? b. Quali sono i principali disagi della vita nelle città d'arte? c. Quanti beni artistici sono presenti in Italia rispetto a quelli presenti nel mondo?

4.

S	T	R	R	E	A	A	L	I	O	C	R
T	C	G	Z	L	O	R	B	T	I	I	E
R	O	U	V	I	R	T	U	E	P	R	S
A	L	I	L	C	T	S	T	A	M	R	T
A	P	U	I	T	R	O	T	M	E	T	A
S	P	M	O	N	U	M	E	N	T	O	U
F	F	O	D	S	D	R	P	N	N	F	R
D	I	P	I	N	T	O	A	I	L	L	O

P.3 scheda 35

LA CAPITALE DEL SUD

2. NEL '700: era una delle città più famose d'Europa, era tappa importante del Gran Tour. NELL'800: perde la sua centralità culturale perché troppo distante dai centri industriali e, dopo la conquista di Roma, perché la capitale attirava su di sé gli investimenti. NEL '900: la città è distrutta dalla guerra, crescono la criminalità e le costruzioni abusive, scoppia la crisi agricola.

3. Per rinascere Napoli dovrebbe:
    a) tornare ad essere la capitale sociale, culturale, universitaria del Sud;
    b) sviluppare l'industria del software, l'industria culturale, la progettazione avanzata, la ricerca scientifica;
    c) rilanciare il turismo colto

P.3 scheda 36

LA DIFESA DELL'AMBIENTE

1. ricarica

3. a. ...rispetta i parametri di Tokyo, è al primo posto mondiale nel trattamento dei rifiuti urbani, ha fatto una legge antifumo molto severa. b. mette in crisi i fumatori stranieri perché è molto severa. c. non si è fatto niente contro lo smog provocato dalle auto, si è lasciato che le industrie scaricassero sostanze inquinate nell'acqua, non si è fatta una politica seria per la gestione dei rifiuti.

P.3 scheda 37

IL NORD-OVEST

3. a. che non sa o non riesce a fare qualcosa;
    b. condizione di benessere economico;
    c. dimostrarsi più abile e più capace di qualcuno.

P.3 scheda 38

IL NORD-EST

2. a. il "Nord-Est" include il Veneto, la Lombardia, il Friuli, il Trentino. Sono inoltre incluse la metà orientale dell'Emilia e la metà superiore delle Marche. b. Il modello economico del Nord-Est è basato sulle piccole aziende di ex-contadini che hanno investito tutti i loro soldi sulla creazione di prodotti alimentari, di abbigliamento...

3. Con il termine Nord-Est si intende un modello **economico** semplice ma originale. La crisi degli anni '70 ha provocato **il licenziamento** di molti operai, che prima erano contadini. Questi hanno usato i soldi che avevano per costruire **piccole** aziende familiari, con sacrifici enormi in termini di energie, lavoro e investimenti economici. Sono nate proprio così alcune tra le più famose aziende italiane, come **Benetton** e Stefanel. Queste aziende si sono diffuse nella pianura **padana**, dove si sono costruiti capannoni e fabbriche.

P.3 scheda 39

IL CENTRO-NORD

3. 1-d; 2-e; 3-a; 4-f; 5-b; 6-c.

3. a. ECONOMICA; b. FERRO; c. APPARECCHIARE

P.3 scheda 40

IL CENTRO

1. Abruzzo, Basilicata, Calabria, Campania, Lazio, Molise, Puglia.

2. a. Perché la sua metà occidentale è molto legata al Lazio. b. Era una zona agricola, sfruttata da padroni lontani, rimasta per secoli sotto il potere dei Papi. c. Il Quirinale è la residenza del Presidente della Repubblica e uno dei centri della politica italiana. d. Roma, essendo la capitale, è identificata con la cattiva politica, e l'amministrazione che danneggia i cittadini.

3. a. collocato; b. percorrere; c. separatismo; d. reggia.

P.3 scheda 41

IL SUD-EST

2. Criminalità, Tradizione, Innovazione, Esportazione, Produzione agricola.

3. a. F; b. V; c. V; d. F; e. NT; f. F.

P.3 scheda 42

IL SUD-OVEST

2. storia del Sud-Ovest, colonialismo, problemi sociali.

3. e (IV-III secolo a.C.), f (V secolo d.C.), c (1200), a (1400-1500); d (1700), b (1800-1900).

P.3 scheda 43

LE ISOLE

3. SUBIRE: sopportare passivamente una situazione senza capacità di reazione. FORNIRE: dare, procurare. POPOLOSO: con molte persone.

P.4 scheda 44 (Da dove veniamo)

ETRUSCHI, ROMANI E GRECI

2. d, b, f, h, c, a, g, e.

3. a. conquistare; b. spezzarsi; c. diventare; d. lentamente.

Soluzioni

(Percorso 3/4/5)

P.4 scheda 45

IL MEDIO EVO

3. a. …9 secoli; b. scoppiano epidemie e carestie, la gente muore di fame e malattia, i barbari distruggono le città. c. … abbandonano le ricchezze e vanno nei monasteri per vivere nella spiritualità.

P.4 scheda 46

IL RINASCIMENTO

3. a.V; b. F; c. F; d. F; e.V; f.. F; g. F; h.V.

P.4 scheda 47

LA GRANDE CRISI

2. declino, povertà, distruzione, malattia, miseria, sottomissione.

3. a. Inflazione, dominazione straniera, nuove rotte commerciali, peste. b. A causa della Riforma protestante. c. Roma, Milano, Napoli. d. Napoleone conquista quasi tutta l'Italia e vende Venezia all'Austria.

P.4 scheda 48

IL SECOLO DELL'UNITÀ

2. 1-b; 2-a; 3-d; 4-c; 5-e.

P.4 scheda 49

IL NOVECENTO

2. ANNI '40: fine del fascismo e della guerra, nascita della repubblica.
ANNI '60: boom economico, emigrazione degli italiani del Sud verso il Nord, industrializzazione.
ANNI '70: terrorismo, crisi sociale, contestazioni studentesche.
ANNI '90: fine della prima repubblica, formazione di una nuova classe dirigente, l'Italia guarda verso l'Europa.

2. CERIMONIA: rituale. CONTESTAZIONE: atteggiamento di opposizione, di critica a persone, istituzioni, strutture economiche e culturali. SVOLTA: cambiamento profondo e radicale. INFRASTRUTTURE: insieme di impianti pubblici e di beni materiali al servizio della collettività (ad es. strade, acquedotti, scuole, ospedali, ecc.) che non producono direttamente reddito ma sono la base per lo sviluppo economico e sociale di un paese.

P.4 scheda 50

DALL'EMIGRAZIONE ALL'IMMIGRAZIONE

3. a. In America; b. Perché da un lato l'integrazione è più facile per chi non ha differenze fisiche visibili, dall'altro ci sono comunità, come quella cinese, che spesso non cercano l'integrazione; c. Paesi arabi, Cina, India.

P.5 scheda 51 (Economia e società)

UNA SOCIETÀ MULTICULTURALE

2. a. F; b. F; c.V; d.V; e. F.

3. a. Perché da un lato molti lavoratori sono stranieri, e dall'altro vengono prodotti alimenti, vestiti e oggetti per soddisfare le loro esigenze. b. Perché vivono insieme le culture locali, la cultura italiana nazionale e le culture straniere.

4. a. ampio; b. bisogno; c. avvenire; d. elevato.

P.5 scheda 52

CHI LAVORA I CAMPI?

2. economia agricola, allevamento, cambiamento generazionale, prodotti agricoli italiani.

3. a. ...si è trasformata in agricoltura specializzata. b. ...soprattutto gli immigrati. c. ...vengono in realtà lavorati negli stabilimenti industriali. d. le nuove generazioni non lavorano la terra e si stanno perdendo le antiche tradizioni legate all'agricoltura e all'allevamento.

4. MANTENERE: dare un sostegno economico a qualcuno. SPARIRE: non lasciare più alcuna traccia di se stesso. TRAMANDARE: trasmettere la memoria di tradizioni e costumi di generazione in generazione.

P.5 scheda 53

IL SISTEMA INDUSTRIALE

2. d, f, c, e, a , g, b.

3.

SOCIETA' INDUSTRIALE	inquinamento, necessità di manodopare, quasi tutto è prodotto in Italia
SOCIETA' POST - INDUSTRIALE	la ricchezza è data dalla conoscenza, la fabbrica è il luogo dove si producono solo prodotti tecnologicamente avanzati, il resto è prodotto all'estero.

P.5 scheda 54

IL SISTEMA FINANZIARIO

3. 1-c; 2-f; 3-a; 4-e; 5-b; 6-d.

4.

I	O	T	I	D	E	R	C	I	D	A	T	R	A	C
N	L	R	V	E	R	S	A	M	E	N	T	O	S	Z
T	O	R	O	C	I	F	I	N	O	B	T	T	C	Z
E	I	I	C	I	O	I	M	U	A	I	X	I	U	O
R	R	T	C	L	O	G	E	N	T	L	Q	B	L	I
E	R	L	E	A	R	G	C	S	A	T	I	E	L	I
S	E	U	N	S	T	O	E	C	V	T	F	D	I	L
S	A	I	T	C	M	R	P	O	L	L	U	M	U	G
I	Z	M	I	A	P	R	O	C	S	A	B	O	I	U
C	O	N	T	O	C	O	R	R	E	N	T	E	L	E

P.5 scheda 55

IL SISTEMA DEL TURISMO

2. di massa; di qualità; per poco tempo; costiere; le piccole città.

3. a. attentato; b. paralizzare; c. ignorare; d. concorrenza.

P.5 scheda 56

LA RICERCA SCIENTIFICA

2. CAUSE: Quando ci sono crisi economiche i primi fondi ad essere tagliati sono quelli per la ricerca; manca un sistema di relazioni ed incentivi tra aziende e ricerca scientifica. CONSEGUENZE: i giovani vanno a fare ricerca all'estero; l'Italia è costretta a comprare i prodotti innovativi all'estero.

3. a. E' il fenomeno per cui i giovani, formati nelle università italiane, non trovano spazio in Italia per fare ricerca e quindi vanno all'estero. b. Si crea una situazione paradossale perché i giovani fanno ricerche avanzate all'estero e l'Italia è costretta a comprare i prodotti frutto di queste ricerche.

Soluzioni

(Percorso 5)

LA TECNOLOGIA

2. a. Le manifestazioni contro le centrali nucleari che cosa dimostrano? b. Quali sono due tra i maggiori simboli della tecnologia italiana? c. Quali problemi vive l'Italia nei confronti delle tecnologie?

3. 1-e; 2-b; 3-f; 4-a; 5-d; 6-c.

LA PRODUZIONE CULTURALE: L'ARTE

2. a. F; b. V; c. NT; d. V; e. V; f. NT; g. F; h. NT.

LA PRODUZIONE CULTURALE: L'EDITORIA

2. eventi editoriali, scrittori italiani contemporanei, mercato editoriale.

3. a. L'editoria rappresenta la cultura di un paese, ma anche una parte importante dell'economia. b. ... si svolgono due importanti fiere editoriali. c. "Se questo è un uomo" è un romanzo di Primo Levi e racconta i ricordi dell'autore della vita nel campo di concentramento.

LA PRODUZIONE CULTURALE: L'OPERA E IL TEATRO

4. 1-b; 2-e; 3- c; 4-a; 5-d.

LA PRODUZIONE CULTURALE: IL CINEMA

3. a. L'Unione Europea ha dato aiuti economici alle sale cinematografiche che propongono almeno il 50% di film europei. B. Perché muove capitali e crea posti di lavoro sia nella produzione cinematografica sia nella gestione delle sale cinematografiche. C. Perché i doppiatori italiani hanno una grande capacità di interpretazione.

4. a. sceneggiatura; b. colonna sonora; c. comparsa; d. commedia.

L'ITALIA NELLA UE

2. 1992: Gli stati europei firmano il Trattato di Maastricht, che pone le basi per l'unificazione monetaria ed economica. 1996: gli stati europei fissano il cambio tra le loro monete, per cui di fatto creano una moneta unica anche se formalmente ogni stato ha la sua moneta; 2001: nasce ufficialmente l'euro.

4. a. deficit; b. bancarotta; c. aumentato; d. rapidamente

L'IMPATTO DELL'INGLESE

2. a. stoppare; b. resettare; c. data base; d. show; e. bypassare; f. emailare.

2. a. francese; b. spagnolo; c. latino; d. francese; e. francese; f. giapponese; g. tedesco; h. anglosassone; i. tedesco; l. tedesco; m. francese; n. latino.

1. a. In estate di solito si va al mare o in montagna; b. Dopo la laurea di base si può cercare un lavoro o continuare a studiare; c. 50 anni fa si frequentava poco l'università; d. Secondo me si dovrebbe pensare meno a se stessi.

2. si sono incendiate; si è dovuta chiudere; si è allagato; si è scoperto.

3. a. E' molto diffuso il commercio equo e solidale, i cui guadagni...; b. Era un uomo povero, la cui vita...; c. Marco e Anna sono due giovani innamorati, il cui desiderio...

4. a. sia sia; b. quindi; c. né né; d. così; e. infatti.

5. da; é; dà; do; e; dà; Do; si.

6. a. La; b. cinquant'anni; c. Lo, un; d. Quell'album.

7. ha sempre giocato; si è classificata; è stata; è stata sempre legata; ha battuto.

8. a. Gli italiani pensano che il loro campionato sia il più bello del mondo; b. Lo stadio di San Siro è il più grande d'Italia; c. Collina è l'arbitro più famoso d'Italia.

9. una scuola, un programma, una porta, una lavagna, un allievo, un colore, un insegnante, uno studente, una studentessa, uno specchio, un'allieva, una matita.

10. In; In; in; in; in; nelle; a; in; alle; In; al.

11. viene sciolto; vengono aggiunti; viene messo; viene aggiunto; viene tirato fuori; viene coperto; viene modellato; vengono messe; vengono fatte lievitare; viene distribuito; viene messo; vengono messe; vengono sfornate.

12. Pronomi diretti: la; l' (la); l' (la).

13. a. errare, perseverare; b. tentar; c. partire; d. fidarsi, fidarsi.

14. a. siano; c. é; d. facciano; e. sia.

15. Per cui può essere sostituito con quindi, perciò, pertanto, dunque.

17. a. I giornali di sinistra sono più diffusi di quelli di destra; b. Gli italiani leggono molto sia il giornale di informazione sia quello sportivo; c. La foto in prima pagina sul Corriere è uguale a quella sul Gazzettino.

18. b. Vendesi casa antica; c. Cercasi commessa con esperienza; d. Affittansi appartamenti per le vacanze.

19. a. sostantivo femminile invariabile; b. aggettivo invariabile; c. sostantivo femminile plurale; d. sostantivo maschile plurale; e. sostantivo maschile invariabile/aggettivo invariabile; f. sostantivo femminile plurale.

20. ci siamo mangiati; ci siamo bevuti; ci siamo visti; ci siamo fumati.

21. a. Ne vorrei comprare/vorrei comprarne; b. ne comprerò; c. non ne ho mai visto uno; d. Prendendone tre; e. non ne hai ascoltata.

22. a. buon mezzo; c. buon prezzo; d. buon pasto.

23. (possibili soluzioni) a. Malgrado le piccole dimensioni, è una macchina abbastanza comoda; b. Pur essendo la strada principale della città, ...; c. Sebbene l'abbia comprata solo ieri...; d. Nonostante questo incrocio sia pericoloso,...

24. ci; ne; ci; ci; ce ne; ci; ne.

25.

Plurale in –cie/gie	Plurale in –ce/g
Magie, farmacie, valigie, camicie, allergie	Sagge, arance, pance, frange, facce, logge

26. braccia (del corpo) vs. bracci (di una macchina); gesti (del corpo) vs. gesta (azioni coraggiose); fili (di una maglia) vs. fila (di un discorso); fusi (macchine) vs. fusa (di un animale); membri (di un'associazione) vs. membra (del corpo).

27. filo-americano; donna-angelo; anti-globalizzazione; pescecane; capostazione; parola-chiave; moto-raduno; sordomuto.

Soluzioni

(Percorso 5)

28. a. a questo punto; b. azione futura imminente; c. enfasi negativa; d. enfasi positiva.

29. (possibili soluzioni) a. deve essere rifatto; b. E' un'occasione impedibile; c. devo fare troppe cose.

30. a. Luisa fa sempre aspettare i suoi amici;
b. Enrico ha fatto pulire la macchina a suo figlio;
c. Mi sono fatto tagliare i capelli dal barbiere;
d. La pizza mi fa impazzire.

31. fatti; approvata; cercato; organizzate; riusciti.

32. avviano; divengono; coinvolgono; cambia; nascono; sono definiti.

33. a. che; b. che; c. di cui; d. per cui; e. in cui.

34. b, d.

35. a. ogni; b. qualunque/qualsiasi; c. qualche; d. qualche.

36. Pronomi personali soggetto: egli, egli, egli, Ella.
Pronomi personali oggetto: lei, lo, lo, la.

37. In b. e d. si deve usare il passato prossimo perché l'azione è recente e può avere conseguenze nel presente.

38. a. Lingue (facoltà universitaria); b. Interni (ministero); c. Madonna (madre di Cristo) vs. madonna ("mia signora", modo di dire antico); d. Camera (Camera dei Deputati, parte del Parlamento italiano).

39. a. partimmo; b. costruirono; c. cantò; e. ricevette.

40. del; in; Nel; In; del; /.

41. a. Sono sempre i più deboli a pagare le conseguenze delle azioni dei potenti; b. Non è che possa sempre rispondere al telefono al posto tuo!; c. E' stata lei a rubare i soldi dalla cassaforte; d. Non è che cambi molto se il lavoro lo facciamo assieme.

42. b. avesse; c. Sarei ; d. sarebbe, avesse.

43. (possibili soluzioni) a. dice; b. sta diminuendo; c. va in cerca del suo padrone.

44. Ricostruire, reiniziare, rileggere, reimpostare, riaggiustare, reiterare, rileggere, riascoltare.

45. a. Non esco stasera perché sono molto stanco;
b. Miriam ci aiuta a fare gli esercizi perché possiamo superare il test; c. Gli animali andrebbero lasciati liberi perché possano vivere secondo natura; d. Ho il mal di stomaco perché la pasta era buona, ma troppo pesante.

46. a. sensibile; b. fattibile; c. mangiabile; d. deducibile; e. riciclabile; f. comprensibile; g. salvabile; h. bevibile/potabile.

47. a. trovarsi; b. si sta moltiplicando/sta moltiplicandosi; c. si stanno aprendo/stanno aprendosi; d. non si sono integrate; e. Non mi ero mai accorto.

49. (possibili soluzioni) a. E' una persona molto simpatica, ma a volte parla un po' troppo; b. La crisi economica è evidente; eppure quest'anno i guadagni sono aumentati; c. Questo libro mi è piaciuto molto; tuttavia, il finale mi ha lasciato un po' perplesso; d. Hai perfettamente ragione, però dovresti cercare di capire anche il mio punto di vista.

50. a. contemporanea; b. anteriore; c. anteriore; d. contemporanea.

Finito di stampare nel mese di gennaio 2009
da Grafiche CMF - Foligno (PG)
per conto di Guerra Edizioni - Guru s.r.l.